发　心

梦参老和尚开示录

梦参老和尚　讲述
方广编辑部　整理

深圳报业集团出版社
SHENZHEN PRESS GROUP PUBLISHING HOUSE

目 录

深山中的一盏明灯

与梦老谈话中，
我们所知道的一些有关老和尚出家的经历。
～方广编辑部整理～

梦参老和尚生于公元1915年，中国黑龙江省开通县人。年少轻狂，个性机灵，特立独行，年仅十三岁便踏入社会，加入东北讲武堂军校，自此展开浪漫又传奇的修行生涯。

随着九一八事变，东北讲武堂退至北京，讲武堂并入黄埔军校第八期，但他未去学校，转而出家。

他之所以发心出家是因为曾在做梦时梦见自己坠入大海，有一位老太太以小船救离困境。这位老太太向他指示两条路，其中一条路是前往一栋宫殿般的地方，说这是他一生的归宿。醒后，经过询问，得知梦中的宫殿境界就是上房山的下院，遂于1931年，前往北京近郊上房山兜率寺，依止修林和尚出家；惟修林和尚的小庙位于海淀药王庙，于是梦老就在药王庙剃度落发，法名为“觉醒”。但是他认为自己没有觉也没有醒，再加上是做梦的因缘出的家，便给自己取名为“梦参”。

当时年仅十六岁的梦参法师，得知北京拈花寺将举办三坛大戒，遂前往依止全朗和尚受具足戒。受戒后，又因做梦的因缘，催促他南下九华山朝山。其时正适逢六十年举行一次的开启地藏菩萨肉身塔法会，他当时并不为意，但此次的参访地藏菩萨肉身，却为他日后平反出狱，全面弘扬《地藏三经》法门，种下了深远的因缘。

在九华山这段时间，他看到慈舟老法师在鼓山开办法界学苑的招生简章，遂于1932年春天到了鼓山涌泉寺，入法界学苑，依止慈舟老法师学习《华严经》与戒律，时间长达五年之久。

在鼓山学习《华严经》期间，他在慈舟老法师的亲自指点下，日夜礼拜《普贤行愿品》，开启宿世学习经论的智慧；又在慈老的教导下，年仅二十岁，便以代座讲课的机缘，逐步成长为独当一面、口若悬河、畅演《弥陀经》等大小经论的法师。

法界学苑是由虚云老和尚创办的，经历五年时间停办。之后，他又转往青岛湛山寺，向倓虚老法师学习天台四教。

在青岛湛山寺期间，他担任湛山寺书记，经常衔命负责涉外事务。曾赴厦门迎请弘一老法师赴湛山讲述“随机羯磨”，并作为弘老的外护侍者，护持弘老生活起居半年。弘一老法师除亲赠手书的《净行品》，还嘱托他弘扬《地藏三经》。

当时中国内忧外患日益加剧，日本关东军逐步占领华北地区。在北京期间，他以善巧方便智慧，掩护许多国共两党的抗日志士幸免于难。1940年，终因遭人检举而被日军追捕，乔装成雍和宫喇嘛的侍者离开北京，转往上海、香港；并在香港方养秋居士的鼎力资助下，顺利经由印度，前往西藏色拉寺，依止夏巴仁波切学习黄教菩提道修法次第。

梦老在西藏拉萨修学五年，藏传法名为“滚却图登”；由于当时西藏政局发生重大变化，排除汉人、汉僧风潮日起，遂前往青海、西康等地游历。1949年年底，在夏巴仁波切与梦境的催促下离开藏区。

发　心

此时中国内战已结束，国民党退守台湾，中华人民共和国在北京宣告成立。1950年元月，在四川甘孜正值青壮年的梦参法师，因不愿意放弃僧人身份，不愿意进藏工作，虽经过两年学习依旧不愿意还俗，遂被捕入狱；又因在狱中宣传佛法，被以“反革命”之名判刑十五年、劳动改造十八年，自此“梦参”的名字隐退了，为狱中各种的代号所取代。

梦老虽然入狱三十三年，却也避开了“三反五反”、“文革”等动乱，并看尽真实的人性。他将深奥的佛法与具体的生活智慧结合起来，为日后出狱弘法，形成了一套独具魅力的弘法语言与修行风格。

1982年，中央落实宗教政策，梦老平反出狱，自四川返回北京落户，任教于北京中国佛学院，时年六十九岁，并以讲师身份讲述《四分律》，踏出了重新弘法的第一步。梦老希望以未来三十三年的时间，补足这段失落的岁月。

因旧友妙湛出任厦门南普陀寺方丈，梦老于1984年受邀在恢复后的闽南佛学院，担任教务长一职，一方面培育新一代的僧人，一方面开讲《华严经》。讲至《离世间品》，便因万佛城宣化老和尚的邀请，前往美国，中止了《华严经》的课程。

自此，在美国、加拿大、新西兰、新加坡等国家和中国的香港、台湾等地区弘法的梦老，开始弘扬世所罕闻的《地藏三经》:《占察善恶业报经》、《地藏经》、《地藏十轮经》与《华严三品》，终因契合时机，法缘日益鼎盛。

梦老在海外弘法十五年，广开皈依、剃度因缘，满各地三宝弟子的愿心。至今，梦老所剃度的弟子，遍及加拿大、美国和中国大陆、台湾、香港等地区。他还承通愿法师之遗愿嘱托，鼎力掖助她的弟子，兴建女众戒律道场，同时，顺利恢复雁荡山能仁寺。

年届九十，也是落叶归根的时候了，梦老在五台山度过九十大寿，并以五年多的时间，勉力克服身心环境的障碍，在普寿寺讲完《大方广佛华严经》(八十华严）共五百余讲，了却了多年来未曾圆满的心愿。其间，又应各地皈依弟子之请求，陆续开讲《大乘大集地藏十轮经》、《法华经》、《楞严经》等大乘经论。

发　心

目前梦老在五台山静修、讲经，虽已九十五高龄，除耳疾等色身问题外，依旧声如洪钟，法音摄受人心。在这期间，除非身体违和等特殊情形，还是维持长久以来定时定量的个人日课，俨然成为深山中的一盏明灯，常时照耀加被幽冥众生。

方广文化编辑部谨志于青田·朝阳

2008.11

北京开示

- 浅谈发菩提心

【编者按】

暌违七十六年，梦参老和尚于 2007 年 5 月应邀赴北京弘法开示。26 日前往北京居士林，浅谈发菩提心的要义，并由居士林林长夏法胜担任引言，参加听法的北京佛教居士有八百多人。

梦参老和尚十六岁（1931 年）在北京出家，经过多年的参访学习、讲经说法，1940 年日军占领北京期间，离开北京转往香港、印度、西藏等地进修。

因此梦参老和尚与北京因缘相当深厚。如今经过七十六年的岁月，重回北京弘法开示，更具有特殊深远的意义。

北京开示

浅谈发菩提心

地点：北京居士林　2007.5

诸法因缘生

佛说一切法是因缘生的。诸法因缘生，一切法也是因缘灭的。我这次到北京治病，当初没有设想到哪个地方去讲一讲，结结缘，没有这个想法。但是因缘生了，就不得不随缘了！

我在八十多岁时动过大手术，现在跟正常人不一样的。但是因为我欠债，欠什么债？欠说法的债，这中间我有三十三年不能说法了，因此这三十三年我想把它补偿回来，所以九十多岁还在讲，就是这个原因，这是我的愿力也是大家的因缘促合。刚才我说一切法因缘生，现在这个因缘呢，就是大家要求跟我结个法缘说一说。但是年纪大了脑力也差了，有一些说得不如法的请大家原谅。

劝发菩提心

我今天先给大家讲发菩提心。发菩提心得有因缘：无缘不生，无因不生，无缘不长，必须得有一个因缘。你们今天就有这么一个因缘，所以我劝大家发菩提心！

发菩提心，好像是说我们就发一个心。不是的。发菩提心，在藏传佛教它叫三要道，菩提心的三种要道。第一是厌离世间。第二是大悲心。第三是般若心。厌离世间对世间不贪恋，就是出离心；不贪恋世间，出离世间，但因一切众生不了知佛法，也不能出离，因此就产生了菩萨的大悲心。

大悲心不能有爱见，爱见就是对自己亲。有爱染的情绪那叫爱见心，不叫大悲心。大悲心得有智慧，没有智慧的大悲心不能普度一切，有了智慧，就是般若心。

我们一般说的发心发什么心？发成佛的心。发心有三个过程：第一个先厌离世间。你自己厌离了，自己脱离了世间，但众生不得度啊！那就发起大悲心。

大悲心不是情感的，是智慧的，要有般若心，这三心都具足才叫发菩提心。菩提心的含义是觉悟的觉，明白的明。

一般人会问，你信佛了，学了佛法了。什么叫佛法？我所听到的很多答复，答复得不正确。认为信三宝信佛就是佛法，不是这个含义。佛是印度话不是中国话，印度话叫“佛陀耶”，翻成中国话就是觉悟的觉，明白的明。说你觉悟了明白了，你就是佛；你还没觉悟没明白，就是迷惑，那就不是佛。谁能够觉悟，谁能够明白，谁就是佛。

明白什么？明白为什么世界上这么乱，刀兵、水火、饥馑；为什么要有过去世、现在世、未来世。你能知道吗？你能知道自己多生累劫以前，都干过什么？等你死之后，又到什么地方去？是断灭了吗？绝不是断灭了。等你明白了这些，就是有觉悟的人。

我们道友可能遇到过，别人知道你信佛，认为是迷信。你可以根据这个道理思惟一下，你要是明白觉悟了，那你就是佛了，也不用信不信。但是不明白不觉悟呢？就是迷了，迷了还能信吗？信者决不迷，迷者决不信。怎样能达到明白呢？它有方法的。

就像我们读书，你选哪一科，你明白哪一科；没学，没学你就不明白。佛法也如是。你要想明白、觉悟，你得依佛的教导。依法明心，依法明心就是发心，发起一个觉悟明白的心，就叫发菩提心。发菩提心里头含着几个内容，就是我上面所讲的：一个是厌离心，出离世间；你自己厌离不行啊！整个世间这么多的众生，他们都在苦难当中，那就发起大悲心。

但是我们的大悲心没有智慧，没有般若的智慧，这个大悲心叫爱见大悲，不是真正的大悲心；必须得有般若，般若就是智慧。为什么不翻智慧呢？在咱们中国一直都用印度的原文“般若”，因为这个智慧用来解释般若义。有时候人们将世间的聪明，小聪明也叫智慧，不是的，所以不翻，就用原来的般若。

《华严经》里讲十种智慧。智慧含有方便、善巧、回向、力、愿、智、悲、慈等多种意思。所以般若呢就不翻，就叫般若，没翻成智慧，但是我们一般人，是以般若智慧为主的。

你有了智慧，依着大悲心利益一切众生。佛法在世间不离世间觉，佛法是为度世间人的，你说得太高深了世间人没办法接受啊！所以又说，佛法在世间不离世间相。因此在你生活当中，行动都应在佛法之内。一个觉，一个迷，迷了就背觉了，悟了就合觉了。

因此我们想觉悟，必须得发心。你连个最初的发心都没有，怎么能觉悟呢？这个心叫信心。我们一般把信心解释成信佛，或者入了佛门了，有信心；实际含义不是这样，而是问你有信心没有，相信不相信你自己的心，是这么个意思。说你的心跟佛、跟释迦牟尼佛无二无别，没有差别，相信你自己的心就是佛。

你以佛心看待一切法，那就叫佛法；如果你以一切众生心看待一切法，那就叫生死法、染污法，这道理很简单。因此，人家问你信不信佛，我相信我的心，我的心像佛，是这样信佛的。

佛就是我自己

佛就是我自己，我自己就是佛，心外无佛，这个道理大家一定得深入，否则就是迷信。把自己都忘了，不相信自己，那不就迷了？这样产生的信叫迷信。迷信什么呢？迷信发财！迷信男女关系！迷了，把社会上的一切事当成真实的，实际上全是假的，无常。

我十六岁在北京出家，就是海淀药王庙，当年就在拈花寺受戒，1931年。那么现在呢？2007年，中间隔了七十六年了，这七十六年间，我自己有善业，也有恶业；有为人家的，也有为自己的，无量的业惑缠绕。

在业惑发生的时候就是迷了，业惑消失了就是悟了。迷跟悟随时随地发生的，不是一悟就像佛那样，一悟就成就了。

为什么我们人修到成佛，得经过无量劫，没法计算年限的，什么原因呢？时而悟了，时而又迷了；时而悟了，时而又迷了。今天在这儿听闻佛法的时候，你很明白；出了门去，都是贪嗔痴，就不是戒定慧了，那又迷了。因此时间占得很长，释迦牟尼佛也如是。过去生沉落下去了，这一生白过了；又一生醒悟了就继续修，反反复复的时间非常长。

我们这些佛弟子，你能够二十四小时都用你的智慧，观照你的心吗？我感觉是办不到。假使说你二十四小时念念不差，没有第二念就是一念，这是什么呢？觉悟的心。随时智慧心现前，那你所做的事情都是智慧的事。

释迦牟尼佛也示现受生，示现老，示现圆寂，给我们众生做榜样，让我们知道自己虽想成佛，但是在过程当中它有变化的。

发　心

像我们每位道友发心信佛之后，是不是一直都信佛呢？不，会变化的。信了佛了，就得听佛教导的话；你没有照佛的教导去做，那就是不信。做的时候是信，不做的时候就是不信；做错事了就后悔，悔就是惑。

以现在为例，现在不做，一会儿就变化了。现在是早晨九点多钟，一会儿变成十点多钟，那就叫过去了。未来呢？未来现在还没到，你不知道你未来如何。如果你有智慧知道你的过去，知道你的现在，知道你的未来，三世不变。什么不变呢？你现前的心，心不变。

总的来说，我今天就是跟大家讲心，我们现在所用的都是我们的意，意识不是心。假使我们认得我们的心了，发心的那个心，那个心就是觉悟的心，那个心就是成佛的心。

从你现在发心一直到你成佛，它不会变化。尽管中间有迷惑，迷惑完了它又显现，因为你发过心学过佛。

如果你每天能够念念不断，念念不断地念三宝，念佛、法、僧，从现象看是向外求，其实你念的是自性三宝。每当道友受三皈依的时候，我跟你讲的是自性三宝不是住世三宝。但我们都是执著于住世三宝，佛像或经书，住世的佛宝；僧人，住世的僧宝。住世三宝是引发你自性的三宝，假这个引发你本自具足的佛法僧三宝。

这个住世三宝是假的，它可以毁坏可能消失；你的自性三宝永远不坏永远存在，也不会消失，就是你迷的时候不能运用，悟的时候，三宝现前。

发菩提心，就是让你自性的般若三宝常时现前，念念不失。咱们能做得到吗？哪位道友能做得到，你就是现前的佛。因此我们这里所说的佛法、佛教、佛像，各有不同的作用。佛教是寺庙的形式，学佛跟佛学不一样，佛学是把佛教所说的法当成学问去研究。

学佛跟佛学不一样

我在美国的马里兰州、加州、华盛顿、纽约、亚特兰大的大学都作过演讲，但他不信你的，不像我们的弟子这样虔诚；他当作学问研究，那个就叫佛学。

像我们佛的四众弟子，在家的优婆塞、优婆夷；出家的比丘、比丘尼，都是学佛。佛教我们怎么样做，我们就怎么样做，这叫学佛。

学佛跟佛学是不一样的，佛教跟佛法完全不一样。我们是依佛的教导，告诉我们怎么样能够返迷成悟，达到觉悟。因此我们要看佛经，要念。我感觉我们道友念佛经的时候，念的只是文字，可以再深入一点。

很多道友都念《金刚经》,《金刚经》说什么，他一点都没有领悟到。就举《金刚经》的例子说吧，须菩提问佛，我的心怎么样能住，这心啊，妄想纷飞杂念不断的，怎么样让它静止下来，降伏它。大家听起来好像很容易，我自己的心我降伏不了？没有一个人降伏得了的。你降伏得了，你就成了入住的菩萨；你降伏不了呢，随着它的妄想走。我们用的是想，是识，是意识，而不了解心。

经过学佛，我们知道心、意、识三个是不同的。意是我们现在用的，八识的识我们还达不到，离开识到你的真心；就我刚才说的发菩提心的这个心，你没认识到也没得到。

因此要发你的真心，要信，信心。这个信心生起了，发了菩提心了，你才真正能厌离世间；这个时候帮助别人，才是真正的大悲心，是行菩萨道，这才叫发菩提心。但是你没有这个智慧，这个心发不起来；我们应依着佛的教导来发这个心。发的这个心呢，就是觉悟成佛的心。

我上面跟大家讲的是分析心，分析它具足的内容。厌离心，大悲心，般若心，三个合到一起就是发心。我们发心就是发菩提心，就是发成佛的心，就是发觉悟。

能发心开始觉悟是真正的信佛，真正的学佛。这个心怎么样发的？那就得靠着外相三宝，就是佛像！就是佛所遗留下来的经文！

发　心

释迦牟尼佛入灭已经两三千年了，有人说没有佛了，没有法了，也没有僧了，因为现在的和尚跟那时候印度的大阿罗汉，已经不同了。大阿罗汉是有神通，但是他们都是小乘的，没有大悲心。佛法传到中国来，大悲心是很主要的，文殊、普贤、观音、地藏，这些菩萨都是发了大悲心的。

我们说厌离世间，这个大家很容易明白。大悲心不是我们那个怜悯心，不是我们看见众生受苦了生起怜悯心，不是看见你的六亲眷属受伤害了，或者看见那个鱼、鳖、虾、蟹没有知识的，生起一种怜悯心，那个不是大悲心。真正的大悲心是有般若智慧的，是愿意让一切众生都成佛，度它们都成佛，这才是真正的大悲心。

大悲心是没有情感的。像我们发起来的大悲心都是以情感来发，心里有情感的心；大悲心没情感的。怎么解释呢？一切众生是空的。《地藏经》里，地藏菩萨发愿：地狱不空，誓不成佛；众生度尽，方证菩提。地藏菩萨是发菩提心，他度众生是没有众生相的；而我们这个大悲心，度众生是有众生相的。跟我们有情感的，乃至于他听我话的，我们愿意度；不听你的，反对你的，陷害你的，你怎么样对待他，那才是真正的大悲心，平等平等的。因此，这个大悲心的解释不同，这样的大悲心不是怜悯心，而是菩提心的大悲心。

般若心，这个就很难了。什么叫般若的智慧？看一切诸法皆空。空字，很多人说一入佛门就空了，什么都没有了，完全错误。佛教讲的空是什么空呢？真空。什么叫真空呢？真空不空。那不空不是有吗？不是有，是空。真空不空，一切法都是空的。但众生并不了解，佛菩萨还得度众生，众生是有啊！佛法是在有中建立的，但是不执著；一念执著都没有，那才叫真空。

在一切法上一切相上，认识它是假的没有的，实在是没有的。我们可以从现象上来证明。我有四年没到北京来了，以前呢，每年都到北京转一圈。我在五台山上住了四年没下山，现在下了山再看看北京，变了，大粪场变成了高级经济区。朝阳门、东直门这一带，以前就是北京的大粪场，现在变成了高楼大厦云集的经济区，房价还特别贵。但是这个是实在的吗？不是的，是空的。相信吗？学佛的人认为这个不常的，无常的。

看着是物质的东西，全是虚幻的。不但物质不但人间，乃至我们所说的天上都如是，没有一件是实在的。什么是实在的呢？你的心不变，你的见不变；能见的见不变，所见的事物没有了，这个就叫真常。咱们发的菩提心是那个真常的见，那个才叫真正的知。什么知呢？智慧知。智慧是不假分别不假变化的，这才叫般若。

一说到般若，我们就联想到任何事物都是虚空的、空幻的，只有个假名。每个人都只是一个假名而已，一切事物都在不停地变化，因为它在运动当中。你能认识到它的变化这叫智慧。这个智慧是什么呢？所发的菩提心。

说你的心永远不变，并不是说你现在是个男生，就认为你是男生；你是个女生，就认为你是女生，这些都是假象。心并没有男女相，男女相是假的不是心，是心的现象，这样的认识叫般若。

你有智慧了，看见一切诸法皆空，万法皆空；从空而生起大悲心来度一切众生。度众生是不空的，这个道理你要是没智慧，是没办法认知，没办法承认的。

例如说我们父母不在了，空的。他们不在了当然是空的了；但他们并不空，他们又转了个相，不是那个相了，还是不空。空跟不空，《大般若经》里讲了二十种空，由空达到真空。真空是什么样子？没有相，真空绝相。

一切世法宛然俱在

世相宛然，这就叫周遍含容。观又不同了，《华严经》里的三观，真空绝相观，周遍含容，一切世法宛然俱在，不迷相，这个道理不是我们道友所能理解的。

今天早上我往这儿来的时候，一个道友拿着缅甸一个老和尚的书。我翻了几页，里面讲的全是二乘的法，都是阿罗汉的法；而对二乘人来说，我们中国传来的法是大乘法。

大乘法是什么？无相法，无相、无著、无碍。你看寺庙的门，三门，中间是遁入空门，成道成佛都是空的；而旁边一个无相一个无愿，无相、无愿是智慧是般若。这就是大乘教义，就是般若。般若很难表达，也很难证得；证得般若智慧了，你所发的愿都能够实现，愿愿都成真，念念都成真。这个达不到，那你还是从有相入手吧！要发大悲心，大悲心是从有相入手，看众生苦难，生起大悲心。

但是你自己必须得厌离，厌离世间。厌离世间了，才能够生起大悲心；能够生起大悲心，才能够得到般若智慧，这三个是一个，过程是分作三个。我说你发菩提心吧！其实就是一个心。但是详细讲起来，它有这么多过程。

像我们最初信佛的时候，达不到这么深；只是因为你烦恼了，烦恼找不到解脱的方法，信了佛了稍好一点。包括我们今天在座的道友，你都不是一生、两生信佛的。为什么这样说？你要是没有这个善根，你听不到般若法。般若就是告诉你空，空就是见；见一切法都是空的，不要执著，就放下了，这就是般若义。

《心经》第一句话就是观

我们很多道友都会背《心经》，《心经》大家都会背了，但是真正明白《心经》的人很少很少。我曾经问我很多的弟子，《心经》第一句话怎么讲的？观自在菩萨，一般的人都这样说观自在菩萨，把他当成观自在菩萨。

第一个字“观”，观就是般若。般若也就是我们现在发菩提心的菩提心，你要从头好好想一想；观就是想，思惟修。以你的经历，你看哪个东西不坏？有永久的吗？有这样的东西吗？没有。永久不坏、不变、不异，有这样的东西吗？没有，都是在变异当中成长，成长而后消失，消失了以后又成长。就是要你这样观，不是用眼睛看，是心里想。观就是止，观了之后就能定，止观双运；观中有止，观中有定，定中有观。

你看一切事物，都是无常的、苦的、空的、

无我的，你能这样观就看得破放得下，什么都不执著了你才能达到自在。你观你自在，谁能观入进去，谁就能自在。不观呢？不自在。观自在菩萨是他观得自在了，得到这个名号；咱们遇到任何事都不自在，咱们是生活在烦恼当中。高兴了，高兴是烦恼；说愉快，那个愉快不是真正愉快。为什么呢？愉快完了烦恼马上就来了，因为愉快生烦恼。烦恼的时候，你就更轮转不息，六道轮转不息。

我最初跟大家说发菩提心，大家把这个看得很简单，问了几个道友，他认为很简单，说我发过心信三宝了。那不是菩提心，发菩提心就是成佛。佛是阿耨多罗三藐三菩提，正等正觉，你一发心，这是因啊，这个因跟佛果结合，因赅果海，就把佛的功德都赅摄了，一发心就有了佛的功德；等到你成佛的时候，还没离开你最初发的菩提心，果彻因源，又把你最初发的心收回来了。你是怎么样成佛的？是因为最初发菩提心成佛的。

夏老居士希望我跟大家讲一讲，他问我讲什

么题目，我想了一想，就从“发心”开始吧！从发心开始一直到你成佛。但是你得会发，发是生起的，并不是发了就永远在；发的时候生长起来了，发了之后你又把它丢了，一会儿又消失了。想它生根发芽成长很难很难的，那得万万年之后了。

发心之后，你要念念地照；观就是照，这个照能照见五蕴皆空，不是发了心就完了。发了心就要照，照就是用你的智慧观照它；不是念头错了就让它错，一定得把它拉回来。我还要吃饭、穿衣服、睡觉、大小便、做事情！没关系，这都是般若，只要你观照，做任何事物都可以，都在菩提心当中。

依《华严三品》发心

那依着什么来做呢？就念文殊师利菩萨的《净行品》。那么你所说的话，所有的行动，乃至上厕所都是清净的。如何把它变清净呢？就按文殊菩萨教授我们的方法。

发 心

譬如上厕所时你发愿："大小便时，当愿众生，弃贪嗔痴，蠲除罪法。"连大小便都没有忘记众生，希望众生把贪嗔痴弃掉。排泄东西都是脏的，弃贪嗔痴；蠲除罪法，任何犯罪的事都不做。

吃饭也要发愿，文殊菩萨也教授我们，当你吃完饭的时候，"饭食已讫，当愿众生，所作皆办，具诸佛法。"肚子饿了不吃饭不行，要吃了饭才能办一切事情。吃饭也是佛法，上厕所也都是佛法，这就是都在菩提心之内。

《华严三品》就是菩提心的具体表现。发了菩提心，你再加行这《华严三品》就可以了。如果说我还要诵《地藏经》，可以的。为什么？地狱众生最苦，地藏菩萨发的大愿是到那儿度众生，地狱是最苦的地方，所谓三涂。

谁说我们没看见地狱，你在人间就是了。你身上生病解脱不了，那就是地狱苦啊！发高烧，烧得糊里糊涂的，也是地狱苦！

当你遇到每一个痛苦，你能马上想到一切众生，就发愿，愿一切众生脱离这种痛苦。当你生病的时候，你那个心如果不住在病上，而是发心度一切众生，愿一切众生都不得病，这样去用心，没有想到自己，你就可以减少痛苦。当你最痛苦的时候，你把你的心入到别处去，心就不注意那个病了，这叫发菩提心。

发菩提心转移目标

很多的事情，就是你把你的心都搁到那个觉悟的觉上，不去迷惑它。如果我们生病，该如何减轻病的痛苦呢？转移目标！怎么样转移法呢？我跟大家说个故事。

以前有个老中医，碰见这样一个病人，他害瘩背，瘩背就是后心那个地方长了个疮。长疮就会烂，外头烂了就能看见心脏的跳动，实际上那是没办法治疗的。

老中医想，那就给他转移目标，于是跟他说，你背上这个疮我很快就给你治好了，但是如果你臀部长疮啊，我就治不好了。这就给了这个病人一个威胁。

于是那病人的思想就不注重这个后背了，整天摸他屁股，心想可别长疮可别长疮。三摸两摸，没隔几天他那臀部真长了个疮。哎呀！这下他认为完蛋了，非死不可了，找医生，医生说我没法治疗了，给他抹了点药对付他一下，让他回去了。隔了几天他感觉痛得要死，不得了了，又来找医生。

医生说你现在好了，以前你那个瘩背呀，心都快出来了，怎么治呀？你看你这个伤口现在已长出新肉了，长皮了。你这个屁股，肉很厚的，离心脏很远，死不了的，开开刀割了就好了。

假使你的心一天到晚都在菩提心上，当你痛苦时，你感觉哪个地方痛苦最厉害，你就转移目标。怎么转移目标呢？你就想最好的你最喜欢的。你想发财，想你可能发财，那就发财了。这样就转移目标了，这是治病方法。

用发菩提心转移你的烦恼心，转移你的贪嗔痴，这得自己想。有时候众生的业障很重，像我业障就很重，有人问我："老法师！你在监狱发菩提心没有啊？""我天天发啊！"我说那时候才是发菩提心的时候。为什么呢？我就是用这个方法转移目标，反正住山里也是修行嘛！几十年，没感觉怎么样的痛苦。

遇到最痛苦的事，转移目标；想你最快乐的事，那心就不苦了。病你支持不了了，痛苦很厉害时，你就转移目标，想你快乐的事，想没病的时候。这时候你如果念佛，就得利了，真正的一心念佛，或者念观世音菩萨，可以减少痛苦。哈！你这一念啊，菩萨来加持你了，实际上是你转移目标了。

当苦逼迫的时候，你心里念得非常诚恳，想着佛，念菩萨，菩萨真来救你，你也能得到效果，这都是发菩提心的内容。发菩提心的内容很多，我一时也没办法跟大家说那么完整，反正不管你学什么，就是善用其心。

发　心

善用其心

文殊菩萨教我们善用其心，假使你还不会善用其心，就念文殊菩萨心咒："嗡啊惹巴扎那底……"你一"嗡啊惹巴扎那底"，就把你当时那个现境转化了。

这是文殊菩萨心咒，文殊菩萨的智慧。那你念呢？就是你的智慧，用你的智慧消你的业障。三世一切痛苦的、悲哀的、伤感的，就是业障发现。怎么办呢？就用智慧来灭业障。不过，文殊法的般若智慧很难，观音菩萨、地藏菩萨的那些法比较容易懂；般若智慧不是一般的人可以懂的，你得修观，得经过修炼你才能够进入般若智慧。

凡是在五台山的大概都修般若智慧加持你，有了智慧做什么事都正确。如果想发财，那就念文殊心咒："嗡啊惹巴扎那底……"

生病的想消灾免难，那念吧！念念，心里就转移了目标。人的病啊，三分病七分帮忙，病其实很少，这是心里头帮忙，再加上医生、吃药等，这都是病苦加重的原因。

生、老、病、死、爱别离、怨憎会、求不得、五阴炽盛，这八苦交煎，你就用发菩提心来对付它，对付这八苦。把你的苦难转变成吉祥，这就是发菩提心的功德。

咱们汉文当中也有发菩提心，省庵大师、莲池大师都有劝发菩提心的文章。但是这种劝发菩提心的文章,在文字上不容易进入,最好念念《华严三品》，具体地发菩提心。

我们这里很多人希望求生极乐世界，普贤十大愿王就是发十大愿，到你临命终时，普贤菩萨就会送你到极乐世界。念《普贤行愿品》，绝对能生。

发菩提心是一切法的根本，你心都没发，怎么去修行！没修行，你怎么成佛啊？必须得先发心。

发菩提心能够免灾难吗？什么灾难都免。谁免呢？你自己免的。发了菩提心了，成了佛，你还贪恋世间？世间的灾难已经管不了你了，因为你发了菩提心了，脱离世间了。

佛法在世间不离世间觉，怎么觉的？发菩提心。发了心就能够成佛，绝对能成佛。但是，你修行得快进步得快，成佛早一点；你修行得慢，成佛慢一点，就是这个分别而已。发了心，绝对能成佛，所以劝大家发菩提心。

台北开示

● 谈修行 ● 念佛法门修学次第 ● 念佛三问

台北开示

谈修行

地点：生命电视台 台北道场 2008.1.20

有缘就生 无缘就灭

今天因为因缘和合，能跟大家聚在一起学学佛，这个因缘是很难得的！我们这个电视台叫生命电视台，这个生命在我们一般人看来，一段生一段死，好像是相续的。但是我们学佛的道友们，从法性理体来看，没有这个断灭相，永远如是，也没有相续性。

但这是建立在我们随缘的关系上，因为佛教总体说起来就四个字！三藏十二部很多经论，四个字就解决了！是什么呢？“性空缘起。”一切诸法都是因缘生的，因缘生的法不是常的，是断断续续的；有缘就生，无缘就灭。但是性不同，性是永远的没有生灭的。每个道友人人平等，跟三世诸佛都是平等的，但是缘不同。每一件事物，因缘成熟了自然而聚，看着好像是偶然的，不是的，无量劫来就有这个缘，只是它成熟的时候，跟它不成熟的时候有所区别。

现在呢？海涛法师要我跟大家讲讲修行。这个问题好像是很简单，我们大家，或者四众弟子，优婆塞、优婆夷、比丘、比丘尼，哪天不在修行！你入了三宝入了佛门后，如果你能够会心观照，包括你穿衣吃饭，都在修行当中。

从现象上来讲，从缘起上来讲，就是因为我们以前没有修身口意，所以现在要修理修理你的嘴巴，随便说话不可以，你要加以修理；你所有的行为要加以修理；你一切的妄想要加以修理。

我们没有学佛之前是在愚痴当中，在黑暗中蒙蔽不明；等你学了之后，起码都明了吧！起码你受了三皈依，开始入了佛门，也产生了明点。明白什么呢？明白过去在迷的时候，所做的一切都是错误的，因此才在六道轮转，所以需要修理修理自己的身口意！

从你受了三皈依开始，不该说的话不要说，要修理修理。例如，我们一件家具，一个事物，它破损了，我们要想恢复延长它的寿命，就要修理修理；我们的行为，不合乎佛对我们的教导，我们就要把它修理得合乎佛陀的教导，这才能避免灾难。

这里头加含着我们过去所作的业。口里说很多不应该说的话，伤害众生；身体所做的行为，妨碍别人的自由。各人的业不同，修理的方式方法也不同。还有时间、地点、条件、人事关系，你在修行中是离不开的，什么条件下你应该如何行如何修。

为什么佛说八万四千法门呢？换言之就是方法很多，如果有缘遇着善知识，他能告诉我们方法。他有通，他知道我们过去的业，你该怎么样来消这个业；他跟你一说方法，你一修就灵了。现在我们没有这个业报，没有善知识，要怎么办呢？自己摸索。三藏十二部经典，你自己去选吧！

怎么学呢？我们现在在迷中，想达到明白达到觉悟，你必须依着佛所教导的方法去做，才能达到这个目的。因为自己没有这个力量，就仗佛的力量来教导加持我们，所以叫佛的加持力。

定时定量定课　坚持不断

一般来说，修行的法门有很多！或者习禅，或者习净土，或者读诵大乘，一天要定时、定课、定量；要坚持不断，一天也不能断。用个十年八年你就能明了。就像一样东西落满了尘垢，你拿帕子擦一擦办不到的，你得下大力气摩擦，把垢染摩擦掉，修行就是如此。

因为我们过去的习气业障实在太重了，所以要用各种方法，把这个垢染把这个障碍除掉，然后光明就会显现。随你自己过去的因缘走，没有名师给你指导，那你就自己摸索，读诵大乘！静坐思惟参禅！如果心里定不下来，就念念圣号让身心定下来。

这种种的方法，在你要修行的时候，你自己

选择哪个跟你相应。听着念佛好，你就跟着大家念念佛；或者念经；或者参禅。在修的时候你会产生一种明点，知道自己修行得对不对，如果出现一些障碍，你要怎么样去克服。

譬如说吧，我们读诵大乘，生病了你还能读诵吗？如果你坚持读诵，但是你发高烧昏了你坚持不了，这个时候怎么办？就要用你的心相续使它不断。如果读《法华经》到最后不能读了，那你可以念个《妙法莲华经》的名字使它相续不间断；你最散乱的时候，心里定不下来的时候，就是你用功夫最要紧的时候。

修行要坚持。修是修理，好比一间屋子受损了，坏了，你把它修理好还能继续使用。你在修行当中遇到障碍了，这个时候一定要坚持。坚持什么呢？主要是心。假如说你修行拜忏这个法门，但你病重了不能礼拜了，你怎么办？你用心来拜，观想拜。如果你观想也不能观想了，这时就得靠加持力了。

转求上师

如果你平日是诵观世音菩萨名号，或者修地藏法门，这时候你就转求你的上师；你修哪一法的上师，他就会来加持你。这个我试验过，我也这样行过。当你不能做的时候，你观想本尊，所以我看我们殿里供着的地藏像跟佛一样，这是很难得的。

例如，我们念观世音菩萨，你要想一想。想什么呢？为什么在《法华经·普门品》，叫观世音菩萨；但是我们大家读《心经》的时候，却是观自在菩萨。这是什么意思？想过这个道理没有？地藏菩萨就是一个名字，这个含义是什么呢？我们说在你自修的时候，观自在菩萨他是自己修，“观自在菩萨，行深般若波罗蜜多时，照见五蕴皆空！”他在修行当中，用智慧一观照，把这个黑暗无明都破了。

首先说的是五蕴，“色、受、想、行、识”，以智慧来照，这是假的，没有，所以照见五蕴皆空。这意思就是说我们平常要想修行，就念观世音菩萨；你就用心想，观世音菩萨是怎么修行的，用他的明点智慧观照，把世间一切相看破了，没有真实的都是假的；你看破了你才不执著，不执著你才放得下，放得下你就自在。

《心经》这么告诉我们，观世音菩萨自己是这么修的；《普门品》则不是，他要利益众生，利益众生也是自修，这叫利他。同样是修行，一个是自利一个是利他，自己得到的让一切众生都得到。他观照一切众生的苦难，哪个地方有苦难，他就到哪个地方去救度众生，这是利他，所以叫观世音。

自利呢？叫观自在菩萨，我们在修行当中这是一种观照法门的智慧。习禅，求定，定中让一切的尘劳妄想，都停歇下来；直指明心，见性成佛，顿超直入。但是这个得有大善根，你定不下来智慧生发不了。怎么才能生定？你必须得万缘放下，若达不到心无挂碍的境界，你还是开不了悟。

如果心经常散乱那就念佛，修行的方法门路

很多，你对哪一门一进入感觉效果非常好，那你就别放弃了，要修行你得先把方法选好。在大陆念佛最方便了，随便什么时候都可以，可以拿起念珠计数念，也可以不计数，这个最方便。或者读诵大乘，念经随文入观，每部经都有一定的修行的方法，随行入观。

为什么《普门品》跟《地藏经》我们容易受持？你只要念名号只要念这个经，就能得到菩萨加持；如果你只是念文字，你得不到他实际的利益。像我们有病或者有什么灾难，求佛菩萨加持，自己回向或给人家回向，回向一定会产生力度，力度就是效果！如果你有病能消灾免难，使你身体恢复健康。把你念经的功夫，运用到你的身上来转化，这个大家都会得到的。

像头痛得很厉害，你念念观世音菩萨，好了不痛了，这就是效果；如果没这个效果，说明你念经的功夫不够，所以不灵。不灵，再念念阿弥陀佛，你检验检验；你心里很烦恼，坐下来一念，烦恼没有了，那桩事就这样灭了。我们再来念，一念就没有了，这是检验的方法。

念经、修观、习禅、念佛，你自己都可以检验自己的功力到了什么程度。这个我是有经验的。恐怕大家住几十年监狱的还没有！在你困难的时期，也就是你生老病死当中，在你生命的紧要关头，佛法学了十年、二十年，你就拿来用吧！佛法就是对治这些生老病死苦的，如果你能够用得上，那你学佛就真正学到了；如果用不上，不相干，那你就还得用功夫。

最简单的烦恼，人家骂你伤害你，你怎么样对待这个环境，怎么样看对方；或者别人打你伤害你，诬陷你陷害你，你怎样对待他。如果你认为是自己业障发现，不认为是对方伤害你；同时你在念经或者念佛的时候，给对方回向，他不会无缘无故就伤害到你，这是你前生欠他的，这是冤业，就不会再起烦恼。

病苦呢？你过去杀生业很重，所以你今生经常害病。怎么办？有对治它的方法，你可以放生。不要像别人讲的去买来放生，而是随时随地遇到你能做得到的，你就放生；或者用意念观想放生，这时候你可以说，我念阿弥陀佛不是给自己念，我也不想求生极乐世界，我是想让众生离苦得乐，这是非常实在的！

任何事情你最初不会，等你做久了就不难了，一发愿就灵。如果你修地藏法门或者修观音法门有三十年功夫，只要有谁找你回向，效果非常灵；你给他回向，一作意他那边就好了，信吗？但是时间短不行，因为你自己的功力还不够，所以修行后头那个字，“行”，行是运动义，把它改了，修行就是修心，就是你心力到什么地方，你的力量就能到什么地方。

知道这个道理后大家得用功，用个三年五载效果还不太大，起码要十年以上。如果你的功力用到二十年、三十年，它的效果就会产生了。一般你是见不到的，但是你一用功一加持，功力到了它就变化了；你自己也有感觉你到了什么程度。或者在做梦，梦中这个人要跟你打架，在你要跟人家打架时，你就想我是出家人，或者我是佛弟子，我不跟人打架，我们原谅别人；我过去欠他的，还报。你在梦中有这种境界，你功夫就到了。

在这几种境界现前的时候，你在当时立刻能止住，感到它能不发，心里就没有这个嗔恨心了；如果能不还报，那功夫更深了！那是菩萨境地！

我们最初修行总的来说，第一个是建立信心。我这样说大家可能有些怀疑，我皈依三宝我都出家了，或者我都受了戒了修了好多年了！但你不见得有修行。为什么呢？当你醒的时候你能做得了主，在梦中你做不了主，到你生命尽的时候现前了你做不了主，这点害了重病就可以考验考验！

当你病重的时候，你做不了主；或者病了一个月两个月还勉强，三个月以上你就做不了主了。如果在那个时候你还能做得了主，能转化，能下地狱吗？能堕三涂吗？绝对不会了！这是仗自力，也就是自己修成了。

仗佛力加持

还有一种他力，念佛都要仗佛力加持。我们念地藏菩萨，地藏菩萨加持；你念观世音菩萨，观世音菩萨加持。但你得跟他通了，如果他收不到你这个信号，不灵！因为你还没有达到这种功力。要是达到这种功力了，你有任何困难，你念地藏菩萨，地藏菩萨马上给你解决了；念观世音菩萨，观世音菩萨马上给你解决了！真的假的啊？不灵就是假的，灵就是真的。灵了就是你功夫做够了。今天灵了明天不灵了，后天灵了大后天又不灵了，那是因为你功力不够不能相续，你功力有了，一般都是灵的。

佛法就靠你的信力，《华严经》讲的也是从你最初的信开始，信是一切的根本。我们四众弟子，检查检查自己的信心，不要自满，认为我出家就好了。我出家到现在快八十年了，力量还不够。怎么样算有信力？有几种，其中一种就是觉知前念起恶，不让它相续，第二念绝不来，这是念，有信力了。伤害众生的事绝对不做，伤害众生的话绝对不说，对众生没利益的事情心里不想，所想的全是利益众生的事情，这才算是信位的菩萨。

八万四千法门最重要的是心，所以要把你的心修好。心是指挥你身的，也是指挥你口的，也能指挥你这个妄想心。现在我们这是妄想心，要把它变成真心，也就是我最初提到的性空。真心是性空的，所有一切法是缘起的；你能掌握好性空缘起、缘起性空，这是最大的修行。

无论大乘、小乘、显教、密教皆如是。我们说念咒，嗡、啊、吽，什么意思？身口意。嗡啊吽就是我们的身口意，你这个身口意，常时在众生身上，没想到自己，你这是大菩萨了。

把我们自己的身口意变成跟诸佛的身口意一样，这是总说。如果能达到这种目的，那你八万四千法门都能够达到。我们选择修行法门的时候，要是你一开始修不得利，那就是宿世没修过；修得很得利很喜欢，别放弃别挑，就按着这一个道走，一直走到底，这个道就是菩提道。

但这得靠信！你不信怎么做得到。信必须有根，根必须产生力量，不只是听到了。我们一听到佛，很欢喜，就进入佛门了。这个不行的，这个信没有力量的。这个信要能入门，光修信心得修一万大劫；心里头永远不会动摇，乃至于宁可舍弃身命不失掉信念，这个非常重要。

譬如说咱们要修大楼，修一百多层大楼，地基必须得打好；一百层大楼的地基绝不像修十层楼那么样。所以要想利益众生，信必须得有根，根深叶茂，所以修行应当先修信心。我们这个信心是靠不住的，随风摇摆的。我们要将心修得不管遇着什么灾难、什么变故，都不会失掉信，让它产生力，有信才能住。

我们这个心随时都在变化，你听了大乘经典，念观世音菩萨念地藏菩萨，自己也想下地狱度众生，可是打你几拳给你几脚你就不下了，我们这个心思就变了。当我们刚闻到佛法，每位都发菩提心，我要成佛；但一遇到挫折困难，特别是在末法时代，变化非常之大，所以修行要量你自己的力量，不要超越，超越是达不到的！

广钦老和尚谁要请他开示，他就告诉你，老实念佛！印光老法师也是这样，你请他开示没有多话跟你说，老实念佛！

老实念佛

为什么要老实念佛呢？说明我们念佛的人不老实，一边念佛一边东想西想的，哪里是一心念佛呢？不老实，才要你老实念佛！所以澫益大师在圆寂的时候，跟他那些徒弟说："临行赠汝无多子，一句弥陀作大舟！"说我要走了，没有什么祝福你们的，念一句阿弥陀佛，这是大船。

末法时代，念阿弥陀佛这个修行法门是三根普被，谁念都得好处。大家别把念佛看得很简单，谁都能做，要这样念佛：一开始信佛，然后念佛，最后要成佛！别忘了成佛！

修行的法门很多，关键是你怎么样用心。一样是念佛法门，有的人念念成佛，念念度众生，念念行六度万行，念念做慈悲喜舍；而有的人说的是一套，想的是一套，身体做的又是一套，虽然是信佛念经，得到的好处呢？不太大！虽然不太大但也有好处，只要你信，看你信到什么程度。

《华严经》讲最终成了佛了，还是成就最初那个信心，这就是修行。这个修行不容易达到，那么大家就只好随缘了。随缘！你能做到多少你就做多少，那就好了。佛法是广大无边的，不能要求一切众生都能够立地成佛，那是多生累劫的因缘！《华严经》善财童子一生成佛，《法华经》龙女八岁成道。成佛不要只看现实，要先看看他的过去！

在佛法中没有捷径可走，只有老老实实相信，信佛才能消灾免难；要想走捷径容易误入歧途！希望大家在修行当中，观照你的心，心里头不要离开三宝。

祝大家吉祥！

台北开示

念佛法门修学次第

地点：恒光禅寺　2008.2.17

一心不乱

我们大多数是修念佛法门的。为什么呢？易行，容易去做。念阿弥陀佛多么容易，做起来呢？那还得加上观想力。不仅口头念，心里还要想。想什么呢？想阿弥陀佛，心里思惟。但是我们念佛的时候妄想很多，所以《阿弥陀经》上教授我们，得念到一心不乱！我看我们道友念到一心不乱的很少，《阿弥陀经》上说，若一日、若二日、若三日、若五日、若六日、若七日，要念到一心不乱！

我们现在这个心，散乱得很，很不容易念到一心不乱，但是你要建立信心。建立什么信心呢？

你念了《阿弥陀经》绝对能生极乐世界，依着《阿弥陀经》，你念阿弥陀佛圣号一定能生极乐世界。这一生没生没关系，来生一定能生，反正你绝对能生极乐世界。

诸佛加持

很多人念《阿弥陀经》，忽略了诸佛加持，不只是阿弥陀佛一佛，还有东南西北上下，六方无量诸佛的加持。凡是念《阿弥陀经》或者念往生咒，这六方佛要是今生没度脱你，来生会记住你，一定把你送到极乐世界去。关键是我们这个信心建立起来没有。往往到病重、临终的时候，这念头就失掉了，就不能够一心了。

广钦老和尚到台湾来，就劝人念佛。我记得他在大陆的福建泉州，泉州有座山叫清凉山。这座山我常去，因为弘一法师的墓塔就在那个地方，后来广钦老和尚也挨着弘一法师，修了个塔。

这个老人家跟弘一法师很有因缘，他在清凉山修行的时候，弘一法师也在泉州住，那时候就给他作过开示，同时劝他度众生！弘一法师说："不要讲什么经，劝人念佛就行了，你的缘很厚，将来你可以度众生。"

老实念佛

因此我到台湾来想起了广钦老和尚，他到处都设有念佛堂。每位道友参见他，他也不给你讲别的法门，给你说得很简单，"老实念佛。"再联想大陆的印光老法师，他最初在普陀山闭关，闭关出来后到上海讲经。刚讲经的时候，法缘很盛，几千人听；大概不到半个月吧，越听人越少，到最后没人听了！老法师认为他没有弘法的缘，才专心闭关念佛。

那他度众生怎么度？写信。你写信问他什么问题，专门写信答复你！我这是听慈舟老法师跟我讲的，我并没有参拜过印光老法师，因为印光老法师曾经请慈舟老法师到灵岩山去讲经。

慈舟老法师也是修念佛法门的，也修观。印光老法师跟慈舟老法师两个人经常相谈，他本来经教学得很通，但是没有缘，因此就提倡一心念佛。无论谁请教他如何念佛，就四个字，“老实念佛。”

念佛的道友很多，念一句阿弥陀佛，没有什么困难，有什么困难呢？难在哪里？不老实！道友可以自己问问自己，当你念佛的时候，你有没有别的念头？你能老实下来吗？问题就在我们不老实，念佛的时候，不能够一心一意地念。很多念佛的道友，一会儿要看这个经、那个经；一会儿要去拜忏，夹杂很多。

因为你不专一，生极乐世界可靠的程度变得很小；非得六方诸佛的加持，才能把你摄上去，这是一种。

一句阿弥陀佛具足全部华严

第二种念佛法门，大义就不说了，《大方广佛华严经》的最后一品《普贤行愿品》中说，发普贤行愿行普贤行的，最后普贤菩萨会把你送到极乐世界去。如果你不能念完《普贤行愿品》全文的，就念十大愿王。

慈舟老法师有一次打佛七开示的时候说，你念一句阿弥陀佛，就具足了全部的八十华严。一句阿弥陀佛怎么具足全部华严呢？这是根据《普贤行愿品》，你念一句阿弥陀佛，就具足了十大愿王。

我前面跟大家讲一心念佛，可是心不专一，总感自己心里头还有别的。要想念念经，学学法，那就把《普贤行愿品》的十大愿王，跟你的念佛结合到一起。念一句阿弥陀佛具足十大愿王。也就是你念的时候，心里加点观想力。

《大方广佛华严经》里讲，一佛即是多佛，礼敬诸佛不是礼敬一尊阿弥陀佛，而是无量尊阿弥陀佛，所有十方一切诸佛。过去的、现在的、未来的，都在一句阿弥陀佛之中；佛佛道同，一佛即是一切佛。

念佛的圣号“南无阿弥陀佛”，就是称赞如来。第一大愿“礼敬诸佛”，第二大愿“称赞如来”，第三大愿“广修供养”。念的时候，我们要想到阿弥陀佛的四十八愿，想到极乐世界净土，这就是称赞如来的功德。在你念佛当中心里头也可能行供养，这个供养不是香花灯涂，而是心供。

心里怎么供呢？依着《华严经》的意思，你所到过的地方，不只台北市了，或者日本，或者美国纽约、华盛顿，到哪里都可以！百货商店、水果店，你都把它搬来供养诸佛。怎么搬呢？一作意，你就可以把所有到过的百货商店、水果店，都拿来供养诸佛；心供，意念供，那就无量无量。

也有人问我，这是真的吗？我说，比真的还真。如何解释呢？一般供养的东西都会坏，鲜花也会坏，水果也会坏，穿的衣服也会坏，但是你这个意供，永远不坏的。所以只要你到过的，见过的，乃至大海的水，都可以作意念供养佛，这叫意供。因此，念一句阿弥陀佛，就包含了礼敬诸佛、称赞如来、广修供养。

当你念佛时候，可以消过去的业障。一句阿弥陀佛，消过去八十亿劫的业障。那你念念的，一念八十亿劫，十念就八百亿劫了，无量劫的罪业，一句阿弥陀佛就消了；也不用磕头礼拜，就是一句阿弥陀佛忏悔一下，这是第四大愿“忏悔业障”。

同时当你念阿弥陀佛的时候，你感觉这个世界上有很多人在念阿弥陀佛，不只咱们这儿在念，咱们这佛堂很小；天人也在念，六方诸佛世界也在念，十方世界都在念。你这个心量大一点，拿十大愿王来想，那你的业障就消失了；你也可以这样来忏悔，那么无量劫的业障顿时消失。

至于供佛，这世界上意念供佛的很多，我都赞叹随喜。你看《阿弥陀经》上说，这里清晨，极乐世界的众生起来，到十万亿佛土供养诸佛；供完十万亿佛之后，才回到他的本土极乐世界吃早餐，这是意念！也就是一作意而已。

这是用十大愿王念佛来制止你的妄想，你想吧，越想越大，连忏悔带供养都具足了，这是忏悔业障的方法。念一句阿弥陀佛，消你八十亿劫的重罪。为什么我们不能消呢？一样能消。谁念谁消，你观想力够就能消。别认为观想力是假的，你认为它是真的它就变成真的了，这就是忏悔业障。

随喜十方诸佛。一切众生他们所求的功德咱们现在做不到；极乐世界的人，早晨起来到十方十万亿佛土去供佛，我可以随喜呀！你们供佛的功德有我一份，我随喜赞叹，以这样来观想十大愿王。

观想的时候，一愿一愿想，完了还要随顺众生，请佛住世，请转法轮。随顺众生，不管是人类、蚊虫、蚂蚁，凡是众生，都随喜赞叹，那都是诸佛。这个道理很深的，你想的时候可以这样观想，念一句阿弥陀佛，就具足十大愿王。

完了把你所观想的回向。回向给谁呢？回向给一切众生，愿一切众生都能生到极乐世界。极乐世界是很普遍的，不是西方的叫极乐世界，东方也可以；西方还有西方，无穷无尽的西方。因此你从礼敬诸佛到普皆回向，一句阿弥陀佛具足十大愿王，这就是用《华严经》念佛，用普贤行愿念佛。

《普贤行愿品》最后说，文殊、普贤、观音、弥勒，这些大菩萨都来加持你；完了你见到阿弥陀佛，你在莲花化生的时候，一生到极乐世界莲花就开了。十大愿王普贤行愿加持，顿悟无生，生到极乐世界；莲花开见佛顿悟无生，马上就进入大菩萨境地，就是登地的菩萨。顿悟无生，上品上生，这是以十大愿王念佛。

所以如果你在妄想里面，没办法制止，可以这样来想，越想越广，一部《华严经》就具足了。因此念一句阿弥陀佛，就具足一部《华严经》。

说我们念佛，念一句阿弥陀佛所有功德都具足了，你有这么大的心念吗？没有。如果没有，你顶好老实念佛！一句阿弥陀佛，具足一切佛法。蕅益大师在他圆寂的时候写了个偈子，“临行赠汝无多子，一句弥陀作大舟！”我要死了，没有什么可以赠送的，就赠送你个大船。是什么？阿弥陀佛，一句弥陀作大舟，把你们都度到极乐世界去！

那我现在借用一下，一句阿弥陀佛作大船，把你们从这生死苦海，度到那个不死世界去。但是切记！念佛不要三心二意，也不要一边念佛一边想睡觉，也不要一边念佛一边又觉得参禅好！

有的道场既参禅又念佛，禅七打完又打佛七。这叫什么呢？又有禅又有净土。在我们修行当中有这样做的，有禅有净土，犹如戴角虎。这意思是让你在念佛的时候，心能定下来。在会的道友很容易想别的事，一会儿上商场啦！这上不了极乐世界，心太乱了！必须定，定在阿弥陀佛上，让你的念头定。

虽然有的师父说，你在做其他事的时候，心里头可以同时念佛。能做到吗？可以，但你心里绝不能集中的。不集中怎能够得到效果呢？我看诸位在家道友年龄大的多，不只三心二意，而且还缺乏什么呢？信！因为你信得不恳切，念当然也不能恳切！

信心不是一句话

我现在回头给大家讲讲信。我要说这个道友你没信心，他心里绝对会骂我：这位老和尚胡说了，我信佛这么多年了，怎么会没信心？我肯定大家信，但信心不具足！为什么？那我问你，有信心没有？

信心不是一句话！刚才有几位道友答复有信心，你相信你自己是佛吗？相信你能成佛吗？相信你的心是佛，你就已经修行一半了。大家想一想，自己思惟思惟，信心是怎么样生起的。在《华严经》上讲，修这么一个信心得十万大劫。

我们学佛法入了佛门了，这心刚要信，不是信心；信心是有标准的，不是我们这样想的。有什么标准呢？觉知前念起恶，能止其后念不起，能够变化。我们没这个神通。

《华严经》上说，信心入位，入信心位。那个信要生根，信根；由根而产生力量，叫信力，相信自己是佛。佛都干些什么事，你回光返照看看你自己，你都做些什么事！是佛事吗？觉知前念起恶，止其后念不起，这个功夫不是一般人能做得到的。念头岔了马上能回转，这才算有信心的。

还有，我们很多道友学佛好多年了，好像对佛很了解似的，对佛法也很清楚。有人问我："老和尚出家多少年了？"我说："快八十年了，七十八年了。"他说："那你信佛很恳切吧！"我说："不行，我信心还没具足。"

这话大家可能产生怀疑，没有什么好怀疑的，确实如是，信没入位。我举个例子！问我们有信心没有，没有一位回答说没信心。三宝弟子，有信心的菩萨能够在一百个世界，示现成佛度众生；不只在一个世界示现，而是一百个世界，你能做得到吗？我这是根据《华严经》讲的。

在《华严经》上是三十位，十信、十行、十回向，咱们这修行不是建立在信心基础上，而是欣悦心。信位的菩萨绝不再犯错误。为什么呢？恶念不生。他信自己绝对能成佛，念念都认识到自己是未来诸佛。

我想我们很多道友，这个功夫还没做到；这个功夫做到了，就不再堕生死了。相信自己是佛，不再随顺流转；相信自己身处极乐世界，阿弥陀佛就是你，你就是阿弥陀佛。不光信还得承认，承认我这个心就是佛。第一个条件，信。

信完了，行！那个行不是说我待在屋里头行。在你行、住、坐、卧、吃饭、穿衣，乃至于上厕所都在修行！

我想很多道友都念过《净行品》，你起心动念，都行这《净行品》！进洗手间都发愿度众生。"大小便时，当愿众生，弃贪嗔痴，蠲除罪法。"你能够从早晨一睁开眼睛，"睡眠始寤，当愿众生，一切智觉，周顾十方。"到晚上睡觉，这一天每一个动作，都不离开文殊师利菩萨的教授，这就是入信位的菩萨。自己所有做的全是清净的，这是信位菩萨。

像我在美国万佛城宣化法师那儿，他知道大

家会忘记，怎么办？到处贴个条子，你到饭厅到厕所，走到哪儿都贴着条子："大小便时，当愿众生，弃贪嗔痴，蠲除罪法。"念久了后来就记住了。最初是经常忘，贴个条子提醒自己，这才真正入信位，让你念念是佛，念念不忘众生。

你念念阿弥陀佛，念念都有众生，让一切众生都生极乐世界，不是自己生，这才是真的信心。《华严经》里要求我们都得兑现，而不是说空话。怎么样兑现呢？依着文殊师利菩萨的教导去做。

观想修　念法性身

做的时候先从文字进入，再默念、观想，信跟行结合在一起，完了把自己所做的全部布施给众生，这就是《回向品》。

像我吧，为什么叫梦参？就是做梦嘛！我经常做梦。梦是假的，但是我感觉到我的梦不是假的都是真的，都是叫我行动。我就是因为做梦才出家。

有时候咱们读佛经的时候，得这样体会，真真假假，虚虚实实。有时跟你说是假的，假是形容那一方面的；有时跟你说是真的，真是形容这一方面的。众生不认识他自性的时候，一切法都是假的，没有真的；等你明白你自己的自性了，你那一个心跟佛一样了，就是真的！

你这个信是从妄心生起一个欣悦心，所以我希望诸位道友，还是从头做起。从什么呢？信！如果你的信能生根，产生力量了，那么我们的恶门就全关闭了，善门就全开了。

因此我们这信，有时候要回头检查检查，我们念阿弥陀佛，真正相信极乐世界没有？自己问自己，自己能做得了主吗？我现在出家七十八年了，我还是做不了主！

《金刚经》中须菩提请问佛，“云何应住？云何降伏其心？”你能把你的心降伏得跟阿弥陀佛一样吗？当你念阿弥陀佛时，你心里就是阿弥陀佛，缘念阿弥陀佛，让他把你的心降伏住。住在什么地方？住在阿弥陀佛。但是住即无住，阿弥陀佛也是相，不是如来法身。

因此在你修观想的时候，念一句阿弥陀佛，要念阿弥陀佛的法性身，念法性佛。你念一句阿弥陀佛，包括一部《大方广佛华严经》，包括一切世界，这样一来念佛效果会更大一些。

台北开示

念佛三问

地点：恒光禅寺　2008.2.17

一心念佛，还需要闻思修吗

问：一心念佛，往生极乐世界的行者，还需要闻思修吗？

答：需要啊！怎么不需要，这离不开的！自念、自闻，南无阿弥陀佛；思惟为什么我要念佛，念佛有什么好处。

我们念极乐世界阿弥陀佛，因为阿弥陀佛发了四十八愿，因为他建立了一个清净的国土，让大有缘修行。到了极乐世界并不是就成佛了！你到了极乐世界，还得修行啊！阿弥陀佛给你做老师，你到极乐世界听法去了，不是到那儿吃饭去了。得闻思修！

思就是观想的意思！观自在菩萨就是观想，你想一想就是思，思包含着定，明白吗？你得静下来，静下来念阿弥陀佛，效果就大。

思，观照，才能入三昧，三昧就是定。念阿弥陀佛是不是修行呢？念阿弥陀佛就是修，闻思修三个字就是一个；边念边想，想就是思惟。你念佛就是修行，一边念一边想阿弥陀佛就是思，闻思修不要把它分开。

你念阿弥陀佛时就想极乐世界，这就是思，就是观照。你念阿弥陀佛，这不就是修行吗？那还有什么修的呢？所以闻思修，就是边念边观想这个含义。念就是修，但是你要边念边想阿弥陀佛的名号。最初念阿弥陀佛，要一个字一个字清清楚楚地念："阿、弥、陀、佛……"有的时候是"南无阿弥陀佛"六个字，皈依阿弥陀佛，南无就是皈依；完了你才思修，我就是阿弥陀佛，自己就是阿弥陀佛。

佛经上所提到的种种修行要义，一句阿弥陀佛就包括了！这个咱们讲过，一句阿弥陀佛就包括了十大愿王，包括了《大方广佛华严经》，包括得很广！

何处找善知识

问：哪里去找善知识？

答：你把《金刚经》念一念，不就是善知识吗？我们念《阿弥陀经》，阿弥陀佛就是善知识，还要去哪里找善知识？

你要能生到极乐世界，到阿弥陀佛那儿，不就是善知识吗？你打开佛经不都是善知识吗？佛不住世了，法住世啊，法在就是佛在！释迦牟尼佛就是我们的老师，就是善知识。

找善知识吗？就你自己啊！像我遇见的那些善知识，我想大家也找不到的。我的老师，我自己认为我那几个老师都是很好的，都是善知识。不过善知识也只能够启发你，修行在个人！

一般来说，“善知诸法，识无量义”，这就叫善知识。他能知道佛所说一切法，能够给你解释，能把义理告诉你，这就叫善知识。

念佛种善根，可以达到念佛三昧吗

问：末法时代众生修习佛法，大多属于种善根阶段，这样也可以达到念佛三昧吗？

答：这个话是有矛盾的。有什么矛盾呢？种善根，种善根是指闻到一次，尔后再也不修放弃了，这是种善根。

但是像我们到佛堂里头来念佛，或者定期来这儿修行，就不只是种善根而已。种善根是闻到就走了，不再修了！回想我们现在修的、念的、学的，都是种善根！那你为什么不求了解，不求了生死？为什么停留在种善根阶段呢？这个在个人，看个人怎么做。

像我们大家都在修，或者打佛七，或者平常自己定时定量。我一天念一千声，我一天念一百声，不在数字多少，在你念的时候是否心诚，心诚则灵。我念一百声佛的时候，任何事都放下了！

念完一百声明天再来念，定时定量，就这个功夫，能使我们得到收获！这就不是种善根。

如果是要了生死，不是种善根，就要你自己发心；如果你安心在种善根上，那你就不是修行。修行要达到念佛三昧，那得看你自己怎么修！你如果是懈懈怠怠的，那就光种个善根而已。

什么叫三昧？当你习念一件事的时候，不间断，熟能生巧；生出巧来了，那就是三昧！我在监狱劳动改造的时候，看我们一个犯人砌砖，有时一个小时能砌八百块砖。我看他一甩一甩的，我说你得了三昧了。

刚才这位道友问我念佛三昧，如果你能念得连睡觉做梦都在念佛，那就叫三昧了。所以，你念念不断就叫三昧。三昧并不是佛教专用的名词，那是印度话，说你对任何事情熟练了，都叫三昧。当我们念佛念得非常熟练了，就能不念而念；你脑子里没作意，但心里却在念。但这并不是念佛机！念佛机电一开它一直都在念，但那个念是没有作用的。这个念的是心，念佛是心念不是口念，懂这个意思不？是心念！念念系念着。为什么叫三时系念？我的心系到这儿了。此来众生念佛，念念就走了，随着佛号就走了，佛把他接走了。

是佛来接你吗？是西方来接引你吗？是你自己把自己送去的，那个佛就是心佛呀！这个你要明白！你念佛，都说是佛接你去的；你没念，佛能来接你吗？心跟佛合一了，佛来接是你的心来接你！自心接自心，这是秘密啊！为什么是秘密呢？到时候，佛来接你，实际上是你自己来接你自己！这个明白吗？自心佛接自心的净土，生净土还有什么生不了的！

香港开示

发　心

【编者按】

2008 年 3 月 2 日下午，香港大学佛学研究中心暨香港居士林合办了一场非常轰动的佛学讲座，“梦参人生——九旬禅者的心路历程”。会场的走廊、通道、地板上，坐满了前来听法的信众，还有很多人只能在厅外看现场的转播。

梦参老和尚的开示，先由香港大学佛学研究中心总监净因法师担任引言人，简介梦老的生平；再由梦老亲自即席开示；最后由梦老的资深侍者宏觉法师担任主持人，代替与会人士宣读所提的问题，并请梦参老和尚解答。

我们将这场精彩开示的内容，整理出来跟大众分享，让无法在现场聆听的人，也能借由文字感受佛法的智慧与机趣。

香港开示

九句禅者的心路历程

地点：香港大学议会厅　2008.3.2

净因法师、诸位法师以及诸位道友慈悲，今天我有这么个机会跟大家结结法缘。有道友要求我讲讲我的修行、学习、入佛门的历程，我现在就简单地说说。

什么叫佛法

先跟大家讲什么呢？我想讲讲佛法吧！什么叫佛法？我遇到很多的道友，学了几十年佛了，人家问什么叫佛法还是答复不出来，或答复得不对。我在这里先跟大家简单解释一下什么叫佛法。

“佛”这个名词是我们中国人造的，印度话原话是“佛陀耶”。“佛陀耶”翻成中文为觉悟的觉、明白的明，就是觉悟、明白。如果你觉悟、明白了，你就是佛。就像我们最初刚入佛门，我们问道友：你有信心没有？有很多人理解错了，以为问我们信佛不信佛。不是这个意义。有信心没有，是说你相信不相信你自己，这叫有信心没有。

有信心没信心，有什么标准？有，它有严格的标准。信佛是说你对三宝对佛教有了信心了，信心入位你能够不造恶了，永远也不会再堕三恶道了。你有信心是什么标准？能够觉到这个念头不对，觉知前念起恶，能止其后念不起；同时他没有一念来顾及自己的利益，想到的全是众生，这叫做入信心位。有信心的菩萨，他问你有信心没有，就是问你是否相信你自己的心是佛。你能相信了，就是你觉了也就是你明了。

我们怎么样能达到觉、达到佛的地位？那你就要修行了。达到觉达到明白，你得学他的法。所以佛法简单说，觉悟明白的方法。我们谁能够觉悟、明白，那你已经渐入佛位了。

所以有信心没有，不是我们那个信仰心，也

不是那个欣悦心，而是明心见性。没有信心怎么办？那你要学。学什么？学他的法，他有方法的。做任何事情都有一个方法，你得从学习开始，不然你不会的。你学瓦工、泥工、木工，乃至于成为科学家，你得学他的方法。学佛，要想学明白、学觉悟，你当然更得学他的方法了，这就叫佛法。简单说，觉悟明白的方法。

刚开始学的时候，要认识世间。我们在世间要出世间；在世间，你先得认识世间。认识了之后，你在世间不被世间转，不但不被它转还要转世间，转染污为清净。佛法就是教授我们转染污为清净。

香港的变化

我们就拿香港来说吧！我 1940 年经过香港到印度，那个时候的香港，德辅道一条大道底下有个渔场，从香港本岛到九龙坐轮渡大概要一个小时。当我经过香港的时候是 1940 年，1941 年香港失守被日本占领，这时候我即将从印度到拉萨。

日本最初占领香港的时候，我在印度。有人跑到印度说，非常惨烈，不过时间不长。香港是 1941 年沦陷的，等到 1945 年日本就投降了，香港又恢复了。以后我来回地走，看到香港逐渐地发展，过去的面貌全没有了，变成了新香港。我讲这个不是讲历史，而是讲香港的变化。我那时才二十几岁，现在我九十四了，整整快七十年了；在这七十年当中变化就这样，要是一百年如何？要是两百年之后又如何？那我们就不知道了，这是变化无常，这是香港城市的变化。人呢？那时候的人没有了，现在的人大都是新人，现在的人跟那时候比，都很幸福，香港人非常幸福。

内心的变化

内心的变化，这个就说到我们佛弟子了。今天在我们大家共同学习的这个会上，我们这些道友的心都是菩萨。信佛的、信三宝的人全是菩萨，他不但自己脱离苦难，还帮助其他人脱离苦海。他认识到一切事物是变化无常的，没什么可贪恋的；世间一切都是无常的，都在变。

第一个我们要认识无常，苦跟乐是无常的，随时可以变化；乐变为苦，苦变为乐。

我真正的修行在监狱

譬如我在监狱住了三十三年，有些道友问我："苦不苦啊？"我说："我修行、学经、讲经，不是真实的，我真正的修行，还幸亏住监狱。"要想真正体会人类的心，人的心坏到什么程度，到哪儿去看？到监狱去看，真是坏到不可思议。

已经在那儿受苦坐监狱了，大家都在受苦当中，他还想尽方法害别人。有些个坏人之中的坏人，我们给他起了个外号，"三天不害人，走路没精神！"在监狱怎么害人呢？向干部打小报告，说哪个犯人怎么样怎么样，哪个犯人反革命，哪个犯人反动，净是这些事。

有一个小孩，大概七岁吧！他从四川的成都扒窃扒到北京、哈尔滨；再从哈尔滨偷回北京，在北京被人抓住了。北京不像别处，抓住就送回来了。他的案件上记录，一天偷了十三件皮袄，狐狸皮的皮袄。我看他这么点小孩，这可能吗？我问："你怎么偷的？"他说："不用我拿啊！"我奇怪了："你不拿，你怎么偷得到？"他说："那里头买东西的人很多，我就拿个皮袄塞到他身上，他就带出去了；我到门口再把它拿回来，完了由那些人再带。"一个十几岁的小孩，改造一次出去了。因为我在里头时间长，看着他又被抓回来，改造了七次，第七次把他枪毙了不改造了。我只举这么一个例子，说人的心，那种变，真是我们佛经上说的不可思议。

我们大家不要向外看，回光返照看自己，照照我们这个心。一天当中你起了多少个念头？起了多少变化？这里头有帮助别人的，有做善事的，有行菩萨道的，也有你对谁不满想整别人，这个念头有啊！能保证没有吗？哪个邻居伤害你了，"你伤害我，你让我初一过不去，我让你十五也过不去！"这种现象很多。但是我们佛弟子比较起来那就少多了，因为我们第一个懂得这个世间变化无常。佛经上说，我们这是末法时代，但是我们能不能把它转变了？假使现在我们这些道友，一个人能劝化十个人，那么我们现在好几百人，再劝化好几千人，这样下去不就变了嘛！人心变，世界就变了，这个道理在我们佛教，绝对可信。

学佛不要把佛法跟世间法分开

还有就是，学佛不要把佛法跟世间法分开，佛法就在世间。讲佛经不如跟大家讲讲现实的生活，把佛经跟生活结合起来效果才大。不然你学佛做什么？学佛就是为转变。转变什么？不光是为转变我们自己，还要把我们所知道的都给它转变一些。这个力量大了社会就安定了，社会安定就和谐了。

在内地，最近政府提倡构建和谐社会，有些干部问我，你们讲的和谐，跟我们讲的和谐不一样。“老和尚，您怎么讲？”我说：“先从人心转变，让人行善，认识世间无常不要贪恋。世间是苦的，想在这个世间找快乐，快乐后头跟着就是苦果。乐是苦因，要想转变世间，让它没有苦难，人人心里想善就没苦难了，那岂止和谐！”这就是佛法的作用。

第二个要认识世间是苦的。这苦怎么来的？就是我们口里所说的、心里所想的、身体所做的，积聚来的，是自己给自己找苦吃。

菩提心是什么意思

我在监狱里头自己跟自己说：你天天讲行菩萨道发菩提心，代众生受苦，说得蛮好听的，可到了监狱就喊冤枉啊我没犯罪，不应该呀。为什么？你不是发愿吗，要替人受苦，这满足你的愿你就受吧！好，受吧！愿不发了想收回去，这能行吗？

所以大家都发菩提心，但对于菩提心还不能深刻理解。菩提心不是简单的“我发菩提心了”。菩提心是什么意思？是我觉悟了。你厌离世间，还是贪恋世间？世间的“财、色、名、食、睡”这五欲你厌恶不沾；但是八风交煎的时候，你又怎么来转化它？

八风交煎，哪八风？“爱、憎、毁、誉、称、讥、苦、乐。”称赞你讥讽你，一个是好的一个是坏的，你如何对待？称赞你，你怎么想？谤毁你骂你，你又怎么想？你心里会有什么感觉？有人当面骂你、吐你口水，恐怕你要还击吧？你能忍受吗？禅宗讲，谤毁你叫当头棒，这个容易克服；称赞你，你高兴了飘飘然，这是脑后针，不容易躲。

八风吹不动

大家都知道宋朝的苏东坡，学佛很有成就。他写了一首偈子：“稽首天中天，毫光照大千。八风吹不动，端坐紫金莲。”他有个道友佛印禅师去看他，苏东坡不在家，见他桌子上写这么四句话，在底下写了两个字：“放屁！”苏东坡回来看见了大发脾气，问左右侍奉他的人：“谁到我书房来了？”底下人答复他说：“只有佛印禅师，谁敢进你的书房？”

他怎么样？他气不过，驾着小船就到净慈寺

去了，因为佛印禅师住在净慈寺。他找到佛印禅师就骂佛印禅师说："你这个秃驴，你怎么说我放屁？"

佛印禅师说："放个屁有什么关系？你八风都吹不动，我放个屁，你就受不了了？"完了跟他说："八风吹不动，一屁送你过江来。你瞎吹，你根本没有这功夫。"这是一件事。

求人不如求己

另一件事，苏东坡跟佛印禅师到庙里去拜佛，看见观世音菩萨拿个念珠，苏东坡有点不理解，问佛印禅师："观世音菩萨怎么还拿个念珠，他念谁啊？"

佛印禅师说："念观世音嘛！"

苏东坡说："观世音还要念观世音？"

佛印禅师说："是啊！"

苏东坡说："我不明白。"

佛印禅师说："你慢慢去想吧！"也不跟他解释。

庙快转完了，苏东坡说：“不要你说了，我明白了。”

佛印禅师说：“你明白什么了？”

苏东坡说：“求人不如求己。”

为什么《心经》叫观自在，这句话大家不要当笑话听，观世音菩萨拿念珠念自己，不是求自己吗？我经常对我们道友说：为什么《心经》叫观自在，《妙法莲华经·普门品》叫观世音。为什么？什么道理？能答复的人很少，我们大家想想看。

为什么《心经》叫观自在？为什么到《妙法莲华经》叫观世音？而经的内容，观自在是自己修，“照见五蕴皆空”，一步一步地修，全是空的。因为空了心里才无挂碍，因为什么挂碍都没有了，才证得阿耨多罗三藐三菩提，那是六百卷《大般若经》的心脏，这是自修啊！完全自修。《心经》所说的话，就是观自在菩萨自己修，所以他自在。修到什么，都是空的。

你想明白六百卷《大般若经》，不需要全学，只要把《心经》学通了，六百卷《大般若经》你也通了。我们受持的时候，或者工作忙事情多的时候，就念："揭谛揭谛，波罗揭谛，波罗僧揭谛，菩提萨婆诃……"就具足了六百卷。咒语一般是不翻的，这四句的意思大概是："成佛！成佛！大家都成佛！"也就是愿一切众生成佛。"到彼岸！到彼岸！大家都到彼岸！"好像这么两句话，就把这个解释了，其实也不是的，不完全是这样。

总的可以这样说，这四句话叫你悟得空理。但是这个空理让我们明白，空而不空。不是像我们说什么都没有了才叫空，不是那个意思。是说在任何事物上你不执著，这个东西对你无伤害，等于没有。

《心经》告诉我们，放弃，什么都不要执著，什么事情都是假的、空的，不是真实的，一会儿过去就看破了；看破了就不执著，不执著就放下了，放下之后你就自在了。这是因为他修道而得的名，叫观自在。

我们都知道大悲观世音，他要利益一切众生，他这个观不是观自己，不是观五蕴皆空，而是观众生痛苦的声音、悲哀的声音，所以叫观世音。哪儿有痛苦的声音，他就到哪儿去救度。

有的道友问我："我经常念观世音菩萨，观世音怎么没来啊？""你的声音还没达到，缘还没建立。"你感得不够。感应！感应！因为你的感还没通，还没通到观世音那里，或者是观世音菩萨要考验考验你，你是真的、假的？因此你可以这样来理解观世音，同时也这样理解观自在。

我希望我们的道友，无论念什么经，不要光念文字，想想它那个道理。我很多的道友念《金刚经》,依《金刚经》修,他就不用思想光用口念。

须菩提问佛："我这心啊！停不住，怎么样使它住；我想度众生，一会儿想度一会儿又不想度，就是降伏不了心。""云何应住？云何降伏其心？"简单说，你放下执著，什么都不执著，度众生没有众生相，那就行了。所以佛跟他解释，你不要见一切相而生心，不住色生心，要不住身香味触法生心；应无所住，就是不住境生心。

《楞严经》讲，要是你的心被外面境界转了，那就是众生。我的心能转外边一切境界，“心能转境，即同如来”，就是佛。也就是我开始跟大家讲的，觉悟了就是佛，明白了就是佛。假使你的心被境转了，住在境上，那就是众生。境是什么呢？财色名食睡，一切世间相；用你所读的经来转世间相，佛法就在世间。

神通是什么意思

大家都讲神通，很多的道友并不理解神通是什么意思。神就是我们的心，你明白了就是通了，你不明白就不通。

譬如你感觉身上痛，气达不到气就不通，不通你就感觉痛。你的知识也是如此，你通不到的地方，没有神通；当你明白了，就有神通。哪一件不明白，哪一件没有，那是你修得不够，要修！

自然的心，就叫神。通呢？自然的心在一切事物上无障无碍，通达了，叫通。能达到这样，你一作意就到极乐世界去了，也不用修多少年，打佛七都不用。去不到那就还没通，你心还不够，力量还不够，还没通，要这样来理解。

许多学佛法的，往往只在文字上注意；或者念经，没有理解经的含义。《普门品》中说能救你出灾难，但是你自己得有神通。这句话大家可能有疑问，“我哪有神通？”这个神通的意思，就是你的心！念观世音菩萨的时候能够诚诚恳恳的，你的心跟观世音菩萨的心通了，感应立现！

有的道友遇到困难，求佛菩萨加持的时候不灵，不灵就产生抱怨。你不要向对方求，你向你自己求，你感得不够所以不应。感应！感应！得两个相合，你感不够，应不了。

心的力量

诸位道友们都有困难，在人生当中不痛苦的没有。以后诸位道友，再遇到任何境界相，被人家冤枉了，或者在工作中上下级的关系不好，上头要压你，下头要顶你，你夹在中间可难受了。这时候怎么办？你念观世音菩萨，求观世音菩萨给你加持，那么就能上下皆通，通达无碍，什么问题都解决了。生活困难，念！念佛菩萨加持，你自然就顺畅。你可以感受到自己的力量，同时考验自己的力量，什么力量最大？

昨天我去大屿山，在路上看见大吊车把那几千斤上万斤的石头，轻轻一抓就起来了，力量很大。当你有神通了，你这么一作意那山就转变了。怎么转变的？你有这个神通力了你就明白了，这叫神力。神力是什么？心的力量。

不行愿是空的

其次要发愿，发了愿得去行，不去行愿是空的。人人发成佛的愿，怎么样能成佛，要行啊！愿发完了得去做，做才能成。所以修道的人求解脱，我们一般在家的道友信佛之后，求家庭平安，求吉祥如意，做生意求发财，住了医院求病赶快好。哪有天上掉下来的？没有，得你自己去改变，得努力啊！我们看见的世间相好像有些不平等，有些年龄很大的活得很健康，有些年纪很小的却病病歪歪的，乃至夭折了。有寿命长的有寿命短的，有富的有穷的，这是世间相。

但它是怎么来的？过去积累的。过去他造的因，现在受那个因的果。如果这个人现在很痛苦，用我们中国古话说，可悲的人必可恨。为什么？因为你不知道他的过去，这个人过去很坏，现在受报了。受报了能不能改变呢？还是不改变，还是不醒悟。

在我们佛教来看，每一个人很平等，你做的你受，他做的他受。你前生帮助别人做好事，你今生平平安安的、顺顺当当的；你前生净害人，你今生想要得好的果报，可能吗？如果那个庄稼你不经营它种上就不管了，它的产量能高吗？没有经营光要收成果，这是不可能的！所以现在你个人受的报，自作的，这叫自作自受。

这样来认识世间，你心里头就不会生起波浪了。为什么？因果报应，这样你心里头非常平衡。你看这个人很苦难，想帮助他，你得先转他的因。如何把他那个因消了？这就得靠佛菩萨的加持力了。忏悔他过去造的因，悔改，再不做了，发愿去帮助别人，才能把这个罪转了。

我从监狱出来的时候，有些人问我："当时你怎么想的？"我想的就是这些。你念《普贤行愿品》就知道了，我们每位师父都发愿帮助众生，特别是十大愿王当中的"代众生受苦"。当然我们谁也不会发这个愿，我们也没发这个大心，但是你念的时候有影响。

我说这个意思是，当你受苦难的时候，把你念的经拿来回向，譬如佛菩萨加持我，让我把我过去做的坏事，这一生全还了，以后就清净了。你会越做越愉快，不论在哪里你都能愉快，不然你活不出来。

自杀的疑义

有很多人遇着苦难了，冲不过去想要自杀。我的皈依弟子问我说："师父，您在监狱想过自杀没有？"

我说："想过。"

他说："您也想过？"

我说："怎么不想？苦难来了感觉太苦了过不去了！你知道我的名字吗？"

他说："知道，那还不知道！"

我说："我叫梦参，凡我遇到这些事，我就会做梦。"

在监狱里我想自寻短见，那天晚上做了个梦。梦见什么？有人请我讲经。这是好事我很高兴，我在监狱里头怎么会有人请我讲经？大概快出去了。但是那个讲经的法台很高，最后的几个台阶，我简直上不去了。底下人很多很多，在梦中把我急死了，很着急！后来来了一个老师父、老和尚，他说："法师，我送你上去！"他这么一顶，我就上去了。上去了，我一高兴就醒了，醒了之后我安慰自己，我将来还可能讲经，还留着命。

等我从监狱里出来，就到中国佛学院教书了，中国佛学院又邀我到厦门，恢复闽南佛学院。为什么？因为我的老师弘一法师，他那时候在闽南佛学院还有点根。什么根？培训班，是专门培训戒律的，还有这么一个根，我就按这个根回向吧！这才又恢复闽南佛学院。闽南佛学院恢复了，美国道友听到我还没死，就邀我到美国去了。

看尽事物的变化

我跟大家讲得很清楚了，我是看尽事物的变化，你从这个事物的变化来看因果报应，有什么因，就有什么果。无论你发什么愿，如果发的愿很诚，信心很真，愿力很切，一定会应！信真愿切，佛法立竿见影。

像我们这些个道友，我把我的经验跟你们说，是希望你们信要真不要掺假。为什么？因为掺假掺得太多了。每位道友你把我这个话好好想想，你不要认为自己信佛很真切，不是的！你一天打了多少妄想？当你那个道心来了，或者拜佛念经的时候很至诚，念念就不晓得想到哪里去了，妄想就来了，你的心不是一贯诚诚恳恳的心。

很多道友在信佛当中，遇到不顺心的事，就开始抱怨了：佛菩萨一点都不加被我，我信你干什么？”佛菩萨没要你信，不是佛菩萨找你，是你找佛菩萨，你为什么要抱怨佛菩萨？这一抱怨更糟糕了，恶神恶鬼就找到你了。

直肠癌开刀的病苦

病苦！我不是跟你们说假话，是说真话。大家知道直肠癌吧？直肠癌是要开刀，把那肠子拿出来，哪里有癌细胞哪里给你剪断，完了再把肠子接上。剪断了接上，肠子短了达不到肛门了，那怎么办？在肚子上打个洞，叫“造口贵族”。

我们每位想想，当你病的时候痛苦的时候，你什么都顾不得了，那怎么对治它呢？在我们学佛之后，无论什么灾难都能对治，就看你肯不肯对治它，我可以给你们证实。

宏觉法师从我开刀一直和我在一起，医生告诉我不能再讲经了，也不能在众人场合，因为这个人工肛门臭得不得了。他也帮我想了很多办法，但主要是我自己改变。大家没闻到我的味道吧！它一天都在流我不让它流，我把它控制到一定时间，一天洗一次。

生老病死！佛告诉我们，任何人任何事物都有这个生命的过程。怎么办？所以要学佛法，学习觉悟明白的方法。当你明白了怎么样来看待、对待自己的生老病死，不但能控制死，还能控制未来的生。生要生得自由，死要死得自在，这就是我们信佛的功能。信佛也有这种功能啊！让你生得愉快，死得安逸，完了生到极乐世界去，我想这个是大家所希望的吧！

但是你要怎么做？认识生老病死，认识爱别离、怨憎会、求不得、五阴炽盛。这些大家都懂得了，怎么对待它，我们要学佛法。佛告诉我们很多方法对治它，你怎么样对待你的病，怎么样对待你的老。

我就说说我怎么对待我的老吧。哪位道友帮助我扶我一把，我不愿意，我愿意自己走。越老越萎缩，越萎缩越想要让人家帮助，越帮助你就越老。

很多道友送我手杖，我从来不拿的。他问：

“为什么？”我一拿上就离不开了。大家想想看，你今天拿了，明天不拿就不行了，天天拿，越拿越离不开，到最后呢，不要说九十，八十岁就坐轮椅了，还能走吗？

病从口入。我跟道友讲，凡是你吃了心里感觉不舒服的东西，不要吃；再好的都不要吃，何况我们出家人是吃素的。那些个造口贵族，因为他们吃荤，荤气特别大，还好我们吃素。如果你一天吃一斤米的量，你给它减少一半，吃半斤；吃半斤你排泄也少了，但是你要忍耐。有时口馋，特别又老又病又馋，那死得非常快。这时要克制自己，克服自己的贪欲。

人人都贪舒服，千万别求舒服。为什么？舒服了就难以长寿，这是生理状态；生理状态不能结到佛理，所以你要学佛。

学佛得学到它的理，不是学它的现象，这叫佛理。在世间有很多的道理，国家规定一个法律，那叫法理，那个理是假的，只有佛跟你讲的才能算是真理。你向这个真理追求，等你达到真理了，就像开始跟大家讲的，你能照见五蕴皆空，你就证得了！

空不是说物质上空，什么都不存在，而是我能在物质上将它转化，转化成空，这叫无着。无着，什么都不执著；等你什么都不执著了，这就成就了，就解脱了。

解脱有深有浅，例如我们说阿罗汉，他只解脱了一半，还有无明惑、尘沙惑没解脱；他不像大菩萨，不像观音菩萨、普贤菩萨、文殊菩萨，这些大菩萨才叫自在，全解脱了。

佛法就是明白、解脱的方法

佛法简单说，就是明白的方法、解脱的方法，解脱就是什么也束缚不了你了。譬如你现在老了，你一天照样欢欢喜喜的，管他老了小了，一样的。你一天愁眉苦脸想这想那，你能改变吗？你改变不了。怎么对治它？随它去，高高兴兴的，活得自在，这样就可以少生病，少很多烦恼。

怎么样才能达到？就按你所学的佛理去做。我看大家都会背《心经》，一天多背上几次，想想！或者念声佛号，念观自在或念观世音。念观世音的时候，你也要想。想什么？想我虽然不能够亲自去帮助别人，我念观世音菩萨，求观世音菩萨帮助我去救别人；我求观世音菩萨救别人，我的心就是观世音。明白这个道理没有？信不信？（众答：信！）信就好了！当你念观世音菩萨，把自身化成观世音菩萨；念地藏菩萨，把自身化成地藏菩萨。

香港开示

梦参问答

地点：香港大学议会厅　2008.3.2

现在还有一些时间，大家有什么想要问我的，要我解答的？

怎么可以不退初心

问：各位道友好！我把这个问题念一下，然后请老和尚给我们答复。这位居士问，我学佛已经有一段不短的时间了，但觉得自己没有什么进步，有时还觉得有退心，怎么可以不退初心，请老和尚开示。

答：因为你念的时间越长，越发现没得到实际利益。你能不能回顾一下，为什么没得到？因为你没付出。你当初付出的不是实在的，付出不够你得到的就不够。你间断没有？是不是真心？

有没有二心？你看任何佛经上都讲一心，因为你三心二意所以你没有得到。为什么？自己做得不够。

如果你能够相信佛说的话，确实建立了真信心，那么随便哪部经教你怎么念教你怎么拜，你都会照着要求做的。现在世间什么东西都讲名牌，你没达到名牌的规格，所以它不值钱，价钱就兑不了现。

现在我们很多道友，自己付出不够，却怪佛菩萨不加持。我可给你们作证，我就是一个例子。

我们这位道友可能发过大心，怎么可以不退初心？你检查之后，只能前进不会退。怎么检查？菩提心。怎么样才有菩提心？我们大家都发过菩提心。第一，厌离世间，你连世间还没厌离，那你菩提心怎么发？第二，大悲心，宁舍生命救度众生。自己的生命都可以舍掉，帮助别人，你做得到吗？你做了吗？第三，得有智慧，般若心。不具足这三个心不叫菩提心，明白吧！发菩提心叫欣悦心，只是向往，觉得好！知道佛法好，你达到目标了吗？对世间，你厌离了吗？

你说你信佛好长时间了，好像没什么进步，你已经生了厌离心、菩提心没有呀？要想不退初心那就重新发，天天在佛像前发菩提心。我厌离世间，我要以大悲心救度一切众生；这两种心是有智慧的，没有智慧他发不起这两种心。希望这位道友，你好好想一想，你会精进的。

如何对待不公平的情况

问：有时我们面对不公平的情况，应该用什么样的心态来对待这种不公平的情况？请老和尚开示。

答：这个我可以给你举个例子，我们可以求诸佛菩萨感应，念经或者求佛、信佛求效果；不是事情不公平，各有各的因，各有各的果。你看这个事情不公平，你知道它们之间的因果关系吗？说这个人被那个人害了，什么原因？为什么他要害他？你知道这辈子，可是前辈子你知道吗？不知道。世间没有不公平的事，自作自受，冤冤相报。明白了？明白了这个道理，没有一件事不公平，自己做自己受还不公平？

我以前跟你一样，现在我看什么都是自作自受。我只能帮助他，让他忏悔不受，让他拜拜佛、拜拜忏、念念佛；或者我也帮他念，他来找到我了，有缘，我就给他回向回向。他的力量不够，我的力量够，我帮助他，一念，他的问题就解决了，他的信心就增长了。

念经、念咒是为了什么

问：修行是要觉悟的，那为什么每天要念经？念经、念咒是为了什么？

答：刚才我讲的故事当中，观世音菩萨为什么还拿着念珠念观世音菩萨？求人不如求己！因为我们现在修行，你自己认为在修行，你修行得到了什么？你三心二意的。每个经都要你一心，当你念的时候也好，拜忏也好，你的心想到哪里去了，这你自己知道。我肯定你不是一心。因为什么呢？一是因为过去的业障。你早晚念经，想到经上说的是什么吗？自己考考自己，经上教我怎么做，我做了没有？如是没有，那你念的是望天经，跟小孩念《三字经》没什么差别。当你念一句念得丝丝入扣，心跟经上相合，自然就转变了。信不信由你！

人心这么坏，怎样生起悲心

问：人心这么坏，怎样才能生起悲心？

答：人心这么坏，看你怎么样看！不要这样看，要看一切人都是菩萨。坏是现象，好是本质，一切众生与佛无二无别。这话可不是我说的，佛说的！你别只看他坏的一方面，还要看他好的一方面，看他本具有的佛性。大悲心怎么生？好人还要你大悲心？就是坏人你才要度他，你才要生大悲心！你为什么看见人家很坏？要把别人都当成菩萨，得用慈悲心。

刚才讲的发菩提心，菩提心不包括恶人，那菩萨度什么？度善人？到菩萨世界度菩萨？这就是你发大悲心的对象，明白吧！你所说的一切坏人，就是你应该发大悲心度的对象，好人还要你度？你来度我？我比你知道得多！

烦恼即菩提要如何理解

问：请老和尚开示，烦恼即菩提要如何理解？

答：烦恼心是什么？不是说烦恼，烦恼的心是什么？烦恼从何起？什么是烦恼？你能懂得吗？懂了，你就明白了。讲个故事吧！

唐朝有一位宰相叫鱼朝恩，有一天他在皇帝旁边请问国师："无明从何起？何者是无明？"国师答复他说："你这个奴才还问佛法？"

这个宰相就发火了，说："我是奴才，是皇帝的奴才不是你的奴才；我是一人之下，万万人之上，你怎么这么轻视我？"国师说："不要冒火，无明从此起，此者是无明；你问我无明哪儿去找，这就是！"对方就开悟了。

没有烦恼有菩提吗？要这样想，菩提就是专门对治烦恼的，因为有烦恼才有菩提；因为有佛才有众生，众生因为有佛才知道佛法。两者是相对的，两者的本性是一个。烦恼从什么地方来，什么是烦恼？菩提从什么地方来，什么是菩提？你要这样问，我答复你：“菩提从烦恼来，烦恼就是菩提。”这你还不能理解，你就慢慢学吧！

诵经与持咒的区别

问：这里有三个问题。第一个问题，这位居士问，我想知道诵经与持咒的区别；第二个问题，请老和尚推荐学习的经书；还有一个问题，经书是读得越多越好，还是读得越深越好？

答：让我推荐经书，我得看看你的个性，还得知道你的本源。我现在不认识你啊！现在你认识我了，我却不知道你是哪一位。

你打开一部经，读的时候非常欢喜，很熟悉，就像读过一样，这个就适合你；一部经打开很生疏，字还不认得，读起来磕磕巴巴，这个就不适合你。读经是告诉你方法，那是文字，它有道理在里头呢！你光读文字不读它的道理，你怎么能读懂呢？不是越多越好，明白最好。你读了很多一点也不懂，你把三藏十二部念下来有什么用，解决不了问题。

我们说那个大餐厅的菜，你拿菜单念半天，肚子照样饿。烧饼油条你吃了，饱了就好了！不在多，在精！就是你的心跟它能相应。你要当大法师得读多，我看你还不够这个资格；那你就少而精，精而行，读个《心经》就好。至于持咒，你不理解，持咒能够收摄你的心行。咒要给你翻译了就不灵了，什么原因？咒是密，你读咒的词句是显，那不是咒的真义。

大家都知道“嗡嘛呢叭咪吽”，什么意思？翻成我们汉语是什么？白莲华。我要让你念白莲华你绝对不念，但是“嗡嘛呢叭咪吽”，你可就念了。白莲华是六字大明咒的意思，取它的密义，它生长在污泥当中，又干净又清洁又香，但是它的根可是在污泥当中。我们在众生界当中是污染的，佛是清净的；但是佛生在众生当中，不是天上掉下来的，你必须得度众生才能成佛。

白莲华生长于污泥，污泥谁都讨厌，但生长白莲华。这个含义就是你念就能成佛，念“嗡嘛呢叭咪吽”就能成佛。因为在众生当中你独出了，像莲华一样清净无染，又香又洁人人都欢喜。很多密咒不翻就这个意思，它有密义。为什么叫密宗？有人问我：老和尚，什么叫密？我说：我给你说就不密了。受灌顶，受了就不密了。密是什么意思？不说，你这样去理解就行了。你能把一部经念精了，念到得感应了，效果就有了。一通百通，懂得这个道理吧？一部经通了，其他经你都会懂得。

修行遇到境界

问：请教老和尚一个修行上的问题。遇到了境界，如果有一天我看到天空中有九朵莲华，跟阿弥陀佛出现在空中的时候，请老和尚开示，我应该怎么办？

答：我给你讲个故事，你就知道了。在五台山大华严寺有个文喜，他是饭头师。有一天他在做饭的时候，刚把那大锅盖一揭开，文殊菩萨就坐着金毛狮子出来了，他拿起罩子就打。

打了之后他说："你文殊是文殊，我文喜是文喜，你跟我什么相干？你走开。"文殊菩萨也说了："苦瓜连根苦，甜瓜彻蒂甜。"这是甜瓜，他连根都是甜的；那苦瓜是众生，总想见我，就是见不到。

文殊菩萨给文喜示现了他还讨厌，这个意思是让你看见什么都不去执著。

九朵莲华，满空中都是莲华，没关系，你不要起执著，照念；你功力已经有一点了，才有这种现象。是不是魔考验你呢？你辨别不清楚。魔也好，佛也好，都不执著。这个意思懂吧？你不执著这种相，常时会有；你一执著了，以后就没有了。

执著是妄想是业，不执著是圣境，就看你执著不执著，每个修道人都有这种现象。就像我刚才讲的例子，不要去管。各人修行各人得，你跟我有什么相干，你走你的吧！所以文殊菩萨现相，文喜说你不能加被我，让我马上就能成就，还得我自己修，所以你干你的去。

问：各位朋友，因为时间的关系，最后一个问题。问题还蛮多的，不是我有分别心，也不是当侍者有这个权力，是因为时间关系。

答：大家的问题都相似，你可以参考，基本就在修行过程当中。简单说，不要去执著，圣境也不要执著。

梦境会成真，是否正确

问：好，我们最后一个问题，跟今天这个“梦参人生”有一定的联系。这位道友问，尊敬的老和尚，本人相信梦境会成真，是否正确？

答：我也圆滑一点，也正确，也不正确。我好做梦，我全是因为做梦知道我。正确吗？我出家因为做梦，做梦让我朝九华山。在九华山做梦，让我到华严学苑；在华严学苑因为人家不收我，混了一年多我只有走了。当我要走的时候，我又做梦不许我走，我又没走；没走我学成了，成什么了？什么也没有。

假使你执著梦都是真的，那就错了。佛告诉你一切事物如梦幻泡影，你却把梦当成真的。有这些人吗？梦到发财捡到黄金了，醒了什么也没有，这就是真真假假，虚虚实实。人生何尝又是真的？但是个人的环境、个人的成长、个人的因果绝对不同的。我自己给我起的名字，确实承认。

我跟宏觉法师住在美国纽约时，我连续做了三四个月梦，一段一段跟章回小说一样，今天醒了，明天晚上脑壳一搁枕头上就接着梦；梦到昨天的梦，每天不断，像演电影。谁的电影？我自己的电影。你把它当成真的，那就是愚痴了。我做梦捡了一锭金子发财了，哪来真的，你是做梦。你说当假的，我却因它得事实，真真假假，一切事物都如是。认真非真，因假非假，非真非假，观自在！

道友问的问题还很多，我一时答复不完，现

在我们大家共同回向一下！

愿消三障诸烦恼，愿得智慧真明了。
普愿罪障悉消除，世世常行菩萨道！

祝大家吉祥幸福！

五台山开示

- 梦老九十三岁寿诞开示
- 对川北震灾的省思

五台山开示

梦老九十三岁寿诞开示

地点：普寿寺法堂　2007.6.2

诸位菩萨，今天大家共同在这儿修这么一个法。诸法因缘生，因缘生诸法。今天是个什么因缘呢？今天是我的生日，也是我妈妈的苦日。我们这个生是诸法因缘生，大家都在这个生当中；诸佛生万法，现在我们大家都是佛弟子，都是从佛生的。这个因缘使我们今天能够在这儿共同修习，感谢佛陀！

从事实说呢，报母恩！因为大家大多数都是我的弟子，那就帮助我一同报母恩，更重要的是报佛恩。

我们用什么来报佛恩呢？今天在会中所有的表现，都是报佛恩。佛恩难报，我们仅仅是开始。

发　心

大家虽然是初入佛门，但已经超度生死了。

正好最近我讲的是《法华经·如来授记品》，凡是能听到《法华经》这么一个名字的，佛都给我们授记了，我们将来都能成佛。但是成佛的这个时间，各人的因缘不同，应当这样来理解一切诸法。

今天法会当中有供养，供养诸佛；有赞叹，赞叹诸佛。我们以这个法会的因缘，大家共同来报佛恩。佛经过无量劫修行、修法、修道才成道。为什么呢？为了度我们，度一切众生。当然我们是这个极少极少恒河沙中之一粒而已，佛度无量无边的众生，就包括我们在内。我们今天把法会一切的言语、行动、赞叹、供养，都作为报佛恩，希望我们大家共同先来念三声释迦牟尼佛，这是报恩的表现。

南无本师释迦牟尼佛
南无本师释迦牟尼佛
南无本师释迦牟尼佛

那我们报佛恩应当做些什么事情？我今天跟我那些个比丘弟子们说，我们报佛恩应当念经，或者念《华严三品》，或者念《法华经·观世音菩萨普门品》。回去了之后顶好念念《普贤行愿品》，如果没有这个时间，现在跟我念一念！

一者礼敬诸佛
二者称赞如来
三者广修供养
四者忏悔业障
五者随喜功德
六者请转法轮
七者请佛住世
八者常随佛学
九者恒顺众生
十者普皆回向

这是十大愿王。一切的佛法，十大愿王摄之净尽。如果你平时没有其他的修行，十大愿王就够了。《普贤行愿品》你难得背诵的，你就念这十大愿王。一者礼敬诸佛至十者普皆回向，以此诵经的功德来回向佛，报答佛恩，也是报答父母恩，报答三宝恩。如果你平日修行能够念念十大愿王，也就够了，以此功德来回向。

现在在此法会当中的，没有一个人是不信佛的。这个世界上六十五亿人口，起码有一半没水没吃的，受刀兵劫的，受瘟疫劫的，受灾害的。今年我们国家水灾很严重，有很多的水灾，一夜之间许多人没房子住了，没饭吃了。

我们越愉快越高兴的时候，越要想到那些苦难的人。我们佛弟子应该如是想，应该如是观。在我们欢喜高兴的时候，回想一下那些无量无数苦难之中的众生，我们都把他们看成是佛子。如果不能身体力行去救度他们，可以给他们诵经回向！这个是我们能做到的，念十声佛，念十句十大行愿王，以此恭敬回向，让他们消除苦难。

今天就假借我生日的因缘，大家共同来修行，帮助我消灾，也消你自己的灾；帮助我求福，也是你自己求福。在这个时刻，想到佛教化我们度脱我们，所以今天在这儿，我也以大家共同在这个法会所做的一切，代为报佛恩，报三宝恩，报父母恩。

【编者按】

适逢一年一度浴佛节殊胜的纪念日，五台山却飘起了罕见的大雪，原本准备开讲《楞严经》的老和尚，当日下午从电视新闻的报道中得知，四川汶川地区发生八级大地震，死难者高达数万人，一时悲从中来，哀恸泣极，久久不能自已！

因为这次发生大地震的川北地区，就是梦老长达三十三年受难岁月的所在地，他的感受也逾越常人。

川北地震后梦老暂时中止讲经，专心诵经回向；6月18日适逢普寿寺护国佑民息灾法会圆满，老和尚遂借此法会因缘，阐述他对此次川北震灾的省思。

五台山开示

对川北震灾的省思

地点：普寿寺法堂　2008.6.18

一切法都是因缘生的

四众道友大家好！因为我老病相缠，我们这个因缘断了很久了。今天借着这个因缘，就是佛所说的："道不孤起，仗境方生。"聚在一起。仗着什么境呢？我们知道在这次结夏安居的时候，咱们国家发生了一件大事：四川汶川地区大地震。一切法都是因缘生的，一切事物都不是没有因、没有缘的。以为地震是突然来的，那是我们没有智慧，其实不是突然的。

在上世纪七十年代，我在这个地区住了三十多年，唐山大地震时，这个地区也发生了大地震。因为没有死什么人，就没有报道，所有报道都是关于唐山的。当时地震的有理县，也有现在的绵阳、德阳、简阳、都江堰。我记得那时在绵阳和德阳之间，有两三个月不能在房里住，楼天天在摇晃，不是一天两天，一直有一两个月。为什么那次没有报道？也许人家报了我们没有看到，我们只是听到唐山大地震。

念佛念经能够转化业力

这次为什么报道了？因为这次伤亡的人数很多。这次伤亡人数之所以没有唐山地震那么多，是因为这个时期，国家形势不同了。国家富有了，力量强大了。大家看看救灾的情况吧，再回忆一下唐山大地震。那时还没有普寿寺，也没有做这个回向。今天我们就是仗这个境生起而作佛七、起地藏七。一者消我们自己的灾难，二者给受灾的人民求幸福，这就给我们机会验证打七效果如何。以什么来验证？以我们的自心来验证。

结夏安居大家念《地藏经》的这一个多月，每位道友回忆一下你的收获，你的收获就是你所回向的收获。你感觉如何？这个含义就是你把你所修学的功力，贡献、供养给别人，贡献给灾区。

为什么举三十年前地震的例子？因为这次地震和以前的地震完全不一样。那时国家处在困难时期，唐山大地震没谁去管，现在是动员全国的力量来救灾。虽然是受灾了，但把那灾难应该受一百分的减少了十分；灾后学生也复学了，也能进行再生产了，这和以前完全不一样，把灾难缩小了。

在我这一生当中，那个地方发生了两次大灾难，前者和后者完全不一样。那个时候国家没有力量，现在用直升飞机去救援，从地底下挖出好多人，救了好多人，出现了好多奇迹。说明什么问题？虽然是同样的灾难，所受者不同，中间有转化。当然佛教说定业不可转，但是我们修行的功力，是三昧加持力，重罪轻受。本来该受很严重的，因为减轻了，就轻受了。

这是我所能想到的，业力的转化。我们修行

的功力，念佛念经的殊胜力量，能够转化，但是转化情况不一样。

佛在世的时候，琉璃王杀释种，佛的弟子都是有大神通的，能不能制止呢？目犍连尊者就想转化，佛说：“你办不到，不但你的力量，连我的力量也办不到。”为什么？因为众生的业力，比我们的道力还强大得多。目犍连尊者不相信，他选了释种中的五百个童男，五百个童女，装到他的钵里，送到忉利天上去。琉璃大王杀四众的灾难过后，目犍连尊者把钵取下来，五百童男童女皆化为血水，这就是业力不可转。

业力不可转，那我们又有什么力量加持别人呢？那就看你的道力了。可以把重罪减为轻受，或者是转他的来生，同时验证每一个人的心之所向。

我从电视当中看到，当地震发生时，有些学校的学生没跑出去，全压下面了。中间有个九岁的同学本来跑出去了，他一想不对，我的同学都没跑出去，他又跑回来救助同学。有的老师跑得快，跑了。我内心里想：一个九岁的孩子，他能想到他的同学；一个教学生的老师，他只想到他自己。

我们经常说发菩提心，发菩提心就是要救助别人；大悲心平常不容易显现，当灾难来的时候，灾难当头或者困难现前，你是想到自己啊，还是想到别人？最能体现你的大悲心。

我们道友经常发大悲心、发菩提心救助别人，在这次结夏安居的时候，寺委会讨论要为灾区祈祷，办个法会念《地藏经》。那么每个道友你所贡献的力量，你自己心里明白。就在这一个多月，你念经的时候，你感觉你的功力如何？有没有力量给别人？达没达到加持别人的力量？

你应当回想回想，在这一个多月当中，你同这些受灾难的道友、人民，共患难没有？你想想你念诵《地藏经》的时候，打没打妄想？想没想把我念经的功德力量，供养给他们，减少他们的痛苦？这个灾难虽然过去了，但是还留下很多伤痛。像那些孩子们父母没有了，自此变成了孤儿，一直到他长大成人。这种印象在他们的脑子里头，能够磨灭掉吗？已经死了的人，我们学佛的人知道，他的灵魂没有消亡，为什么他受了灾难，在劫难逃。

地震是有一定因缘的

所以说地震是有一定因缘的，不会多死一个人，也不会少死一个人，每次地震都是这种情况。唐山大地震之后隔了一二十年了，我又回到法源寺佛学院教书。有一个看门的老和尚，我们俩闲聊天，他就跟我讲说："我这个命啊，真是捡来的，佛菩萨加持的。"他没多少文化，但是他一心念观世音菩萨，"就是观世音把我救了！"

我听着很奇怪，想听听观音菩萨怎么救他的。他说他在唐山大地震的时候，那时候不准当和尚，庙都被国家给没收了，他就到一个工厂里当了工人。地震后，一根石柱和另一根石柱相撞，但没塌下去，他就在两根石柱的中间，一待待了十七八天也没死。有时候顺着石柱流着水，他就舔着喝，等人家重建清理，清理到这两根柱子的时候，发现还有一个人！摸摸他，鼻孔还出气，就把他送到医院去治，活了。治活了之后，当地政府问他的意愿，他说：“我以前是和尚，现在还想当和尚。”

这个时候法源寺已经恢复了，就把他送回到法源寺。他没文化，就在法源寺当看门的和尚。我们一般说是佛菩萨加持，但我们也可以说他命不该死。这就是说：“该死的死了，不该死的能活。”这回在地底下埋的人挖出来的很多，大家看看，将来可能会看到因缘。

这就是我们佛教讲的因果论。因果能转不能转？不能转，我们信佛又有什么用？学佛又有什么用？如果因果能转，转了还有因果？没有了啊！做坏事的也不受报了，做好事的也得不到好果了。这个怎么理解呢？如果不能转的话，现在我们这些出家的道友，难道你们没有因缘吗？

都有因缘吧？都能转吧？年轻时出家，现在

三四十岁了，有的四五十岁了，有的在普寿寺出家到现在一二十年了，你难道没有因缘吗？这就转了。能转，为什么没成道业？

古人有个比喻，二水相投，一是冷水，一是热水。如果冷水多热水少，二水掺到一起还是凉的；如果热水多冷水少，两个掺到一起，那水就是热的。所以学佛了之后，你修行的力量有多大，不但能转动自己，还能帮助别人。

这么大的业我们转不动，念《地藏经》求地藏菩萨转

这么大的业我们转不动，但是菩萨能转，所以我们念《地藏经》，求地藏菩萨转。地藏菩萨以他的道力，来转我们的业力。我想这个大家都有经验吧？人家求我们，他不修行，求我们转业，那我们帮他念念《地藏经》，他所求的得到了，那是菩萨加持他了，你只是个介绍人。

这次打七大家就作如是观，七还没有完，希望我们每位道友继续念经，灾难还没有消完。为

什么？现在汶川、绵阳、都江堰，还有很多人在灾难当中，我们得继续读诵大乘经典，请菩萨让他们得到幸福，真正能改变他们一部分。现在很多地方需要我们大家努力。怎么努力呢？至心诚恳地回向。

我们距离成道的道路还远得很！我们仅仅是初步入门而已。我个人对我的生死没把握，现在老了病了就转不动了。不能叫它不病，不能让它不老。

我本来发愿在结夏安居的时候讲《楞严经》，结果灾难出来了。我没这个福报，没这个道德再继续讲《楞严经》，同时自己安慰自己：哎呀！《华严经》都讲完了，入了法界了！《法华经》都讲完了，成了佛了，大家都成佛了。闻到《法华经》，都成佛了，难道还没完成吗？有的时候自己也是妄想纷飞，觉得做得可以了。因为有这个思想，老病了就不想讲了。以前我的思想是我的任务还没完成。为什么生死还没了？力量还不够。

这可能就是讲《楞严经》的障难，年龄不是限制，还是自己的心。障难产生自哪里呢？懈怠。精进的心没有自己的生命，也没有什么衰老。《起信论》上讲："一念不觉生三细，境界为缘长六粗。"境界为缘长的六粗现象是什么呢？就是执取。执著取舍，因此障难就出来了。生老病死的过程，谁也免不掉的，这是定业，若我们用功修行还是能转的。

各位道友，如果你个人有什么障难，所求的达不到，你就回顾自己，多反省自己，千万不要生私心杂念。当你念头一错，业障就现前了；业障现前了，你修道的时候就会出现障碍了。因为你所经历的，就含藏在你的信仰当中。现在我们的信心还不够，想想我们讲的《大乘起信论》，入信位的菩萨是什么样子？回顾在这一个月当中我们念《地藏经》，我们有没有跟地藏王菩萨结合到一起？没有怎么办呢？希望大家加倍努力，因为一个灾害完了还有第二个！第二个完了还有第三个！灾害是无穷无尽的。

请地藏菩萨加持，把我们的自心变成地藏

我们修行念《地藏经》，请地藏菩萨加持，把我们的自心变成地藏。这个不是简单一句话，实际上我们的自心，即是地藏。不假地藏菩萨的力量，以我们自己的力量来利益众生。现在我们结夏安居才过了一个月，还有两个月，希望大家继续努力。

责任编辑：王　昕
装帧设计：鎏坊设计公司

图书在版编目（CIP）数据

发心/梦参老和尚讲述；方广编辑部整理．—深圳：深圳报业集团出版社，2009.10

ISBN 978-7-80709-254-4

Ⅰ．发…　Ⅱ．①梦…②方…　Ⅲ．①梦参老和尚－自传②佛教－研究　Ⅳ．B94

中国版本图书馆 CIP 数据核字（2009）第 169859 号

发　心

梦参老和尚讲述　方广编辑部整理

深圳报业集团出版社出版发行
（518009　深圳市深南大道 6008 号）
三河市华晨印务有限公司印制　新华书店经销
2009 年 10 月第 1 版　2009 年 10 月第 1 次印刷
开本：787mm × 1092mm　1/16
印张：4.5　　字数：55 千字
ISBN 978-7-80709-254-4　定价：20.00 元

本书中文简体版经由台湾方广文化事业有限公司
授权北京立品图书有限公司
在中国大陆地区出版发行